普 天 之 下 · 盡 是 好 書

普天出版家族
Popular Press Family

凌雲文創
A-Plus Creative Company

THICK BLACK THEORY

用心機化解危機的
人性厚黑兵法

認清醜陋人性，才不會落入陷阱

達文西曾說：
「在生活的道路上，暗藏著許許多多的蛇，
行路的人要事先想到這點，並且要選擇適合自己的安全之路。」

確實，社會上的詭計到處都是，利用人心弱點所設下的陷阱和騙術，
更是五花八門，走在危機四伏的人生道路上，
想避開潛伏於暗處的「毒蛇」，
就必須同時具備做人與做事應有的應變智慧。
一個深諳謀略的人，做任何事之前都會通盤考量，
思慮到可能的風險及隱憂，才能讓自己成為最後的贏家。

公孫龍策　編著

【出版序】

你不能不防的人性陷阱

「奸詐」和「卑鄙」儘管是負面的字眼，但是只要用對地方，就會變成「機智」和「練達」，形成保護自己的積極力量。

馬基維利在《君王論》中說：「為了察覺圈套，你必須變成狐狸；為了嚇跑豺狼，你必須變成獅子。」

這是一個奸人當道、小醜橫行的時代，面對層出不窮的詐術、騙術，唯有以牙還牙、以戰止戰，才是強者的成功法則。

你必須像狐狸一樣精明，隨時提防周遭暗藏的陷阱；當別人露出豺狼的猙獰面貌時，你更必須像獅子一樣兇猛，而且要連本帶利加倍奉還，千萬不要淪爲任人宰割的「沈默羔羊」……

人性本來就很詐

幽默作家理奧．羅斯汀曾經寫過一則耐人尋味的故事。

小時候，有一天他的父親閒來無事，做了一個謎題讓他猜：「有一種東西吊在牆上，顏色是綠色，濕濕的，會吹口哨，你猜是什麼！」

理奧．羅斯汀猜了很久都猜不出來，最後只好投降認輸，請他的父親快點說出謎題的答案。

他的父親笑著說：「答案是鯡魚！」

理奧．羅斯汀聽了這個離譜的答案差點暈倒，直認爲父親窮極無聊尋他開心，生氣地說：「鯡魚不會吊在牆上！」

父親笑著說：「你不會把牠吊上去嗎？」

「好吧！可是，鯡魚不是綠色的！」

「沒錯，不過，你可以把牠漆成綠色的！」

「鮭魚吊在牆上，怎麼會濕濕的？」

「剛剛塗上油漆，當然濕濕的。」

聽了這些幾近強詞奪理的回答，埋奧．羅斯汀差點瘋了，更生氣地質問說：「鮭魚才不會吹口哨！」

他的父親笑得不可開交，回答說：「鮭魚當然不會吹口哨，這一句是因爲要避免被你亂猜猜到，才故意加上去的！」

你必須具備的應對智慧

看完這個故事，或許你莞爾一笑之餘，會單純地把它當作是一個父親的惡作劇，但是仔細想想，我們身處的這個現實而又複雜，到處都是謊言、詐騙與針孔攝影機的社會，不就充斥著這類光怪陸離的謎題，和令人目眩神迷、坑人害人的陷阱嗎？

人性本來就很詐！許多人爲了避免自己卑劣的私慾被人洞穿，總是裝出一副道貌岸然的僞善臉孔，想出許多冠冕堂皇的藉口，將自己的齷齪卑劣行爲神聖化、合理化，或者用聲東擊西、迂迴側擊的手法掩飾見不得人的目的。

人只要活著，就會被環境影響，被慾望操縱，外界的環境一改變，價値觀念和適應能力也會隨著改變。在變動不羈的人生旅程中，我們無法預知什麼時候會被出賣，什麼時候會掉入陷阱，唯一能做的只是讓自己精明一點、「奸詐」一點，避開各式各樣準備坑殺我們的陷阱和危險，儘快尋找到成功的契機，讓自己成爲別人不敢侵犯的強者。

任何事情都有正反兩面的效應，既可以幫助你，也可以傷害你。這就像一把刀，如果你抓的是刀刃，最好的事情也會傷害你；如果你抓的是刀柄，那麼最有害的事情也會保護你。

所謂的「奸詐」和「厚黑」也是如此，儘管是負面的字眼，但是只要用對地方，就會變成「機智」和「練達」，就能形成保護自己的積極力量，輕鬆戰勝身邊那些惹人厭煩的小人。

關鍵就在於，你願不願意放棄世俗的迂腐想法，把自己訓練得像兔子一樣敏捷，像狐狸一樣狡猾，像老虎一樣沉穩而又凶悍……

人生是得意與失意的循環，但不論得意或失意，人都要保留一點心機，「害人之心不可有，防人之心不可無」。不懂奸詐，往往會付出慘痛代價。

本書採取說故事講道理的方式，著重於心理層面的建設，列舉了古今中外傑出成功人士獨特的行事準則和厚黑謀略，在在說明了想在人性叢林裡成就一番不朽的志業，必須懂得運用一些厚黑兵法，排除橫阻在眼前的障礙，避開別人精心設計的陷阱。

・本書是《人性本來就很詐》全新修訂本，謹此說明

出版序　你不能不防的人性陷阱

01. 軟硬兼施才能達成目的

一個人若想達到目的，就必須用軟硬兼施的手法，千萬不可半途而廢，也不要覺得不好意思，凡事只要放下身段，毫不客氣地貫徹始終，最後通常都能成功。

02. 針對敵人的弱點進行心理戰

面對蠻橫無理而又無知的人，無法跟他們講道理的時候，就要針對他們的弱點進行心理戰。

03. 提防別人對你進行「道德謀殺」

拿破崙曾說：「暗殺一個人有許多種不同方式，用手槍、刀劍、毒藥，或是道德上的暗殺。這些方式的結果是相同的，只是最後一種更為殘酷。」

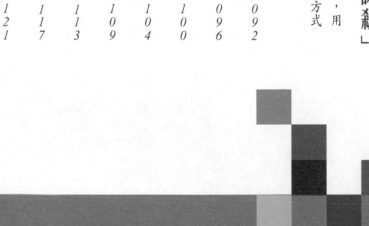

04. 即使虛情假意，也要做得徹底

凡事只要看開了，做事的態度自然會變得從容而冷靜，膽量會變大，臉皮會變厚，搞不好虛情假意的事情也做得出來。

05.

口是心非，有什麼不對？

人生本來就充滿了矛盾與不可預知，況且每個人都有自私的劣根性，也會面臨一些自己無能為力的境遇，表裡不一自然在所難免！

06. 從蛛絲馬跡看出成功的契機

未來的機會在哪裡？相信我們的身邊一定早有許多的蛛絲馬跡，只要我們能仔細留心，一定能做出最佳的抉擇。

07.

不知變通，不可能成功

法理之外還得懂得一些人情世故，才能讓制度施行得更順暢。別將自己侷限於「規範」之中，忽視了現實的狀況。

08. 累積實力，才能增強競爭力

日新月異的時代，我們需要更敏銳的觀察力，以及不斷充實自己、主動學習的心，才能加強自己的競爭力，持續向前邁進。

09. 觀察敏銳，就能擁有智慧

若能對人世間萬事萬物有足夠而且的觀察，我們便能看透人與物的本質，尋得最簡單，也最有效的解決方式。

10. 不要為了形象而裝模作樣

為了避免鬧出笑話，甚至造成難以彌補的錯誤，碰到疑惑時，一定要硬著頭皮提出來，別再不懂裝懂了。

PART 1.

軟硬兼施才能達成目的

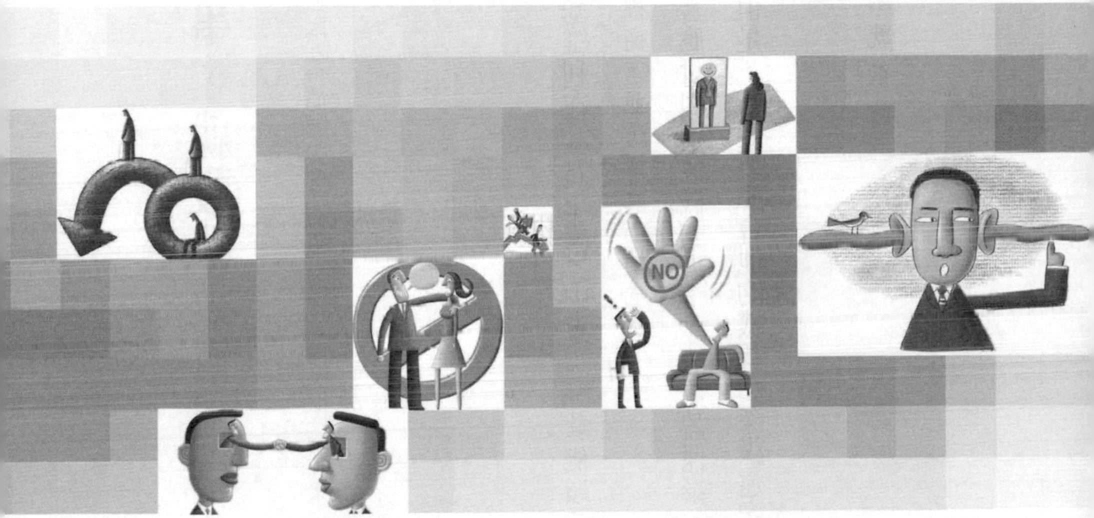

一個人若想達到目的，就必須用軟硬兼施的手法，千萬不可半途而廢，也不要覺得不好意思，凡事只要放下身段，毫不客氣地貫徹始終，最後通常都能成功。

不情願做的事，就設法敷衍了事

不小心答應了自己極不情願去做的事，與其懊惱後悔，不如用「概念轉換」的方式敷衍了事。

古羅馬政治家馬基維利在《君王論》中說：「最能顯示出一個人智慧的是，能在各種危險之間做出權衡，並選擇最小的危險。」

只有妥善運用機智應付周遭危機的人，才能持盈保泰，守住成功的果實。你可以不齒秦檜的爲人，但是，一定要學會他的機智和深謀遠慮。

南宋高宗的時候，奸相秦檜把持朝政，凡是從各地進貢到京城的奇珍異寶和稀罕物品，都要先送到秦府讓秦檜挑揀一番，然後才將剩下的送入皇宮。這件事，宋高宗一直被蒙在鼓裡，朝中知情的大臣不是秦檜的同黨，就是畏懼秦檜的權勢，誰也不敢直言。

有一天，秦檜的老婆王氏到宮中拜見了宋高宗的母親顯仁太后。顯仁太后對王氏抱怨說：「這些日子很少吃到新鮮的青魚，眞想吃點青魚。」

王氏心想，這正是拍太后馬屁的大好機會，連忙說：「太后您想吃青魚，那還不簡單，我家裡有的是青魚，明天就差人給您送一百條來。」

顯仁太后聽了大吃一驚，心想皇宮裡沒有的東西，秦檜家裡怎可能有，連忙問道：「妳家裡眞的有一百條青魚？」

王氏驕傲地回答說：「當然有，明天一定給您送一百條來。」

回到秦府之後，王氏得意洋洋地把這件事告訴秦檜。

秦檜聽了非但沒有露出高興的表情，反而生氣地責怪王氏只知拍馬屁，說話一點都不經大腦。

他對王氏說：「妳想想看，皇宮裡沒有的東西，我們家裡竟然有，這件事要是讓皇上知道了，一怪罪下來，不被殺頭才怪！」

王氏一聽不勝惶恐，緊張兮兮地問秦檜該如何是好。秦檜不愧是欺上瞞下的狡詐之徒，想了一會兒，便交代王氏說：「妳已經答應要進獻一百條青魚，如果食言的話，會惹太后生氣，但是如果獻上新鮮的青魚又會惹出禍端，不如就送她一百條爛魚吧！」

次日，王氏依照秦檜的交代，派人送了一百條快不能吃的青魚到宮裡。顯仁太后見到後，拍手笑著說：「哼，我以爲是什麼好魚呢？王氏這婆娘眞是沒見過世面的土包子，連這種爛魚也敢拿來獻寶！」

你必須具備的應對智慧

就像秦檜所說的，王氏已經答應要送顯仁太后一百條魚，如果食言就會惹太后生氣，一旦獻上好魚又會招來殺身之禍。秦檜最後向顯仁太后進獻了一百條爛魚，實際上是用「概念轉換」的辦法來保護自己。

秦檜雖然是一代奸相，因爲誣陷岳飛而留下萬世罵名，但是，他能在南宋初年權傾天下，一手遮天，並非僅僅靠著迎逢拍馬的諂媚功夫，更重要的是，他能看清自己潛在的危機。

世事多變化，沒人敢預料下一分鐘會發生什麼事，假如你平步青雲、春風得意的時候不懂得謹言愼行，不知道居安思危，那麼，你眼前的成功可能只是一場午夜春夢，轉瞬間就變成夢幻泡影。

假使你心直口快，或者經不起別人糾纏，不小心答應了自己極不情願去做的事，又不想當一個輕諾寡信的人，與其將時間浪費在懊惱後悔上，不如學學秦檜，用「概念轉換」的方式敷衍了事。

陽奉陰違，也是一種智慧

丁寶楨的做法是典型的陽奉陰違，但是他運用在該用的地方，因此，後人反而稱讚他聰明機智、膽識過人。

有些個性軟弱的人常說：「我天生就是這樣的人，改也改不了。」

這種說法乍聽之下似乎言之有理，但是仔細一想，這卻是將責任推卸給上天和父母的錯誤想法。

殊不知，懦弱的性格是由於後天懦弱的思考模式造成的，就像懶惰是由於後天懶惰的習慣形成的一樣，根本不是天生的。

如果你再也受不了自己的軟弱性格和表現出來的窩囊模樣，那麼，就必須改變自己的慣性思考，增強應變能力。

清朝同治初年，慈禧、慈安兩宮垂簾聽政，彼此明爭暗鬥。慈禧太后爲了獨攬大權，有一回囑咐心腹宦官安得海出京城去結納封疆外臣，準備裡應外合，搯倒慈安太后。

慈禧太后交代安得海悄悄出去，暗暗回來，千萬不要聲張，以免打草驚蛇。豈知，安得海這傢伙自恃是慈禧太后的心腹，平日驕縱蠻橫慣了，出京沒幾天就原形畢露，大肆張揚，並且要求地方官吏沿途接駕、送賄，所到之處，鬧得雞犬不寧。

安得海到達山東德州境內後，德州知府聞訊，立即前去接駕，必恭必敬地送上二百兩銀子。誰知，安得海竟然嫌太少，限他無論如何必須在三天之內籌足五千兩銀子。

德州知府一時籌不出這麼多銀子，便連夜趕赴濟南，向他的上司山東巡撫丁寶楨哭訴。丁寶楨爲官清廉，而且頗有膽識，便問德州知府有沒有見到聖旨，知府答說沒看到。

丁寶楨當下說：「沒聖旨，這事好辦！」隨即命令德州知府立刻回去將安得海一行人捉來。

德州知府一聽，嚇了一跳：「大人，這不是太歲頭上動土嗎？」

丁寶楨呵呵大笑說：「一切由我承擔。」

德州知府只得遵從命令，前去逮捕安得海一行人。

原來，清朝律例有個嚴厲的規定：「內監不許私離京城四十里，違者由地方官府就地正法。」

丁寶楨抓住了這個把柄，準備斬殺這個不可一世的大宦官。他想，安得海身上雖然沒有聖旨，但一定得了西太后的暗許；安得海是西太后的人，自己何不向東宮請旨發落！

主意打定之後，丁寶楨立刻派親信飛馬入京送奏章。慈安太后隨即降下懿旨，令丁寶楨將安得海就地斬首。豈知，就在行刑之時，慈禧太后也派人緊急送來懿旨，準備營救安得海。

丁寶楨見狀，大聲吩咐屬下：「前門接旨，後門斬首！」

慈禧太后在懿旨中命令丁寶楨火速將安得海押解回京，不過，正當懿旨宣讀的時候，安得海早已身首分家了。

你必須具備的應對智慧

當事情陷入膠著狀態，你能不能運用聰明才智在泥沼中找到出路，讓不利的局面朝自己希望的方向發展？

在人生的各項競爭中，是否具備這樣的智慧，往往是決定勝負的關鍵。想要成功，平時就必須多多揣摩如何將心機運用在正確的時機。

丁寶楨的做法是典型的陽奉陰違，但是他運用在該用的地方，因此，後人反而稱讚他聰明機智、膽識過人，連慈禧太后的心腹都敢殺。

如果你是故事中丁寶楨，接到慈禧太后的懿旨，敢不敢陽奉陰違地「前門接旨，後門斬首」呢？

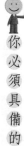

如果你捫心自問以後，認爲自己沒這個膽量，說明你的性格必須再加以強化，否則將無法面對人生旅途中的種種艱難。

其實，性格是由於長期思考或是習慣形成，不是一成不變的，換言之，性格就是自己心理意識的反射。

若是你能改變習慣性的思考模式，性格自然就會隨之改變，自然就能在積極思考中建立起肯定的、建設性的習慣，在性格中也會培養出肯定、建設性的力量，這是毋庸置疑的！

軟硬兼施才能達成目的

一個人若想達到目的，就必須用軟硬兼施的手法，千萬不可半途而廢，也不要覺得不好意思，凡事只要放下身段，毫不客氣地貫徹始終，最後通常都能成功。

人想要名揚於世，就必須具備三項最基本的條件：一、不怕難爲情，二、落落大方，三、有始有終。

日本商界名人鳥井信治就是其中的典範。

鳥井信治由一個小雜貨店的工友搖身變爲大公司的老闆，主要就是因爲他具備了上述的三項條件，行事作風和別人完全不同的緣故。

他的公司因爲出產知名的「紅玉葡萄酒」賺了不少錢。但是，剛開始創業的時候，鳥井信治並沒有充裕的經費宣傳自已的產品，於是想出一個辦法——每當他聽到消防車的警笛聲時，就立刻派出一些身穿印有「紅玉葡萄酒」標誌的夥計，手裡拿著印有相同標誌的小燈籠，趕到火災現場。

他們的行動比消防隊更迅速，使得火場四周處處可以見到「紅玉葡萄酒」的小燈籠，鳥井信治藉著這種方式達到宣傳目的，很快的，「紅玉葡萄酒」就打響了名號。

做人做事有時候必須懂得軟硬兼施，如此才可能突破困局，在不可能成功的地方或時機，獲得輝煌的戰績。

如果你還有疑慮，不妨看看司馬相如怎麼死皮賴臉軟硬兼施。

人性本來就很詐

西漢著名的文學家司馬相如是一位風流才子，與卓文君之間的愛情故事，更是千古流傳。

司馬相如是四川成都人，有一次，朋友帶他到臨邛的財主卓王孫家中作客，恰巧遇見卓王孫守寡的女兒卓文君，兩個人一見鍾情，當場迸出愛的火花。

事後，卓文君不顧父親反對，漏夜與司馬相如私奔到成都，卓王孫知道後，氣得暴跳如雷。

司馬相如和卓文君兩人到了成都之後，日子過得很窘迫，不得不回到臨邛，硬著頭皮請求卓王孫撥款接濟。

守寡的女兒與人私奔，使得卓王孫顏面無光，氣憤難消，哪裡肯給錢給他們夫婦？司馬相如夫婦經過一番商量，便針對卓王孫愛面子的弱點，想出了一個借錢的「苦肉計」。

他們兩人把身邊的車、馬、琴、劍和首飾變賣，然後故意在距卓府不遠的地方租屋，開了一家小酒舖，擺明了要讓卓王孫在眾人面前丟人現眼，硬逼他拿錢出來接濟。

果然，酒舖才剛開張，就吸引不少人前來親睹這兩個遠近聞名的才子佳人。只見司馬相如穿著夥計衣服擦桌椅、端酒菜，卓文君也身穿粗布衣裙，忙裡忙外地招呼客人。

很快的，臨邛城裡的人都在議論這件事，不少人對司馬相如夫婦大表同情，譏諷卓王孫吝嗇刻薄。

卓王孫是一個十分講究門面的人，過不了幾天便受不了外面的閒言閒語，只得答應資助女兒和女婿。

卓王孫送給司馬相如和卓文君一百個奴僕、一百萬貫錢。司馬相如和卓文君夫婦得到了這些財物，謝過了卓王孫，隨即關了酒舖回到成都，成了當地知名的富戶。

你必須具備的應對智慧

作家約翰·雷曾經這麼說過：「我的成功座右銘，就是人不可以不要臉，但臉皮一定要夠厚。」

一個人若想達到目的，就必須效法司馬相如和卓文君軟硬兼施的手法，千萬不可半途而廢，也不要覺得不好意思，凡事只要放下身段，毫不客氣地貫徹始終，最後通常都能成功。

或許，你會覺得司馬相如夫婦和鳥井信治的行徑有點卑鄙，但這畢竟是他們面臨困境時處心積慮想出的方法，沒有所謂對與錯。

有些人往往把時間花在自己不應做的瑣碎事情上，對於應該積極去做的事反而光說不練，或者馬馬虎虎應付了事，行事總是本末倒置。這樣的人只是在浪費自己的生命。

光說不練、馬馬虎虎永遠不會成功，下定決心後就必須付諸實行，既然要做就應當做得徹底，別怕丟人現眼。不論什麼事，只要能夠盡全力去做，自信和力量自然能夠隨之產出。

提防「心靈導師」的騙術

用意志力使自己改頭換面，唯有如此，才能適應現實而複雜的社會生活，堅強地生存下去。

法國作家拉布呂耶爾曾經寫道：「如果一個人在別人眼裡，不顯得過於聰明，他就已經相當狡猾了。」

的確，沒有比貌似正直，實則奸詐的人更爲危險了，因爲，這些人在你眼裡，雖然看起來忠厚老實，但實際上，暗地裡卻經常幹出一些讓你始料未及的卑鄙奸詐勾當。

人是最擅長弄虛作假的動物，現實生活中，專門坑人騙人的假好人也不在少數。面對花招百出的騙術詐術，你必須放聰明一點，才不會老是做出受騙上當又讓人恥笑的蠢事。

人性本來就很詐

古時候，金陵城內來了一個賣藥郎中，自稱擁有通天的法術，能夠祈求神明賜降靈藥，治癒疑難雜症。

他用車子載了一尊觀音大士的神像，裝模作樣替人把脈看病以後，便拿出一包藥粉，順著觀音大士的手掌心洩下。奇妙的是，觀音大士的手心總會殘留一些藥粉，他便小心翼翼地把這些藥物刷下，交給病人服用，每天可以賺進不少銀兩。

有一個游手好閒的少年，在一旁連續看了幾天，覺得這是賺錢的好方法，很想學得這項法術，因此有一天等到人潮散去之後，便客客氣氣地邀請這個賣藥郎中到酒店飲酒。

讓賣藥郎中百思不解的是，這個少年喝完酒後根本不付錢，拍拍屁股就大搖大擺地走出酒店，而且酒店的掌櫃、夥計好像都沒有看見他白吃白喝似的，並未出面阻攔。

就這樣一連喝了三次酒，賣藥郎中按捺不住心中的納悶，便好奇地詢問這位少年是不是擁有什麼神奇的法術。

少年搔搔頭，說道：「哎呀，這只是一個小把戲罷了，如果你願意和我相互交流，我自然樂意教你。」

賣藥郎中點點頭，看看四周之後，小聲地說：「其實，我並沒有什麼法術，只不過是觀音大士的手掌是用磁石做的，我在藥粉中摻一些鐵屑，藥粉從觀音大士的手心往下溜，不就會黏一些在手心嗎？」

少年聽完恍然大悟，稱讚說：「你的手法眞是妙！」

賣藥郎中不想浪費時間，急忙接著說：「我已經把我的秘訣告訴你了，你趕快教我你的法術吧。」

少年笑著說：「和你比起來，我更沒有什麼法術可言，我只不過是先把酒錢付給掌櫃的，所以每次我大搖大擺走出酒店，他們當然不會過問。」

賣藥郎中聽了，哭笑不得：「那我豈不是上當了！」

這個故事的重點，並不是要告訴你，所謂「隔空抓藥」之類的江湖法術，其實往往都是針對我們的心理和視覺盲點，設計出來的弄虛作假的騙術，一經點破就不值錢。

這個故事要告訴讀者的是，我們生存的醜陋社會裡，有太多宣稱自己會隔空抓藥的江湖郎中，而且往往以所謂「心靈導師」的面貌出現，針對你的心理弱點施行騙術。

面對這些道貌岸然的虛偽之人，臉皮必須放厚一點，不要顧慮他們對自己的看法，做事也不用偷偷摸摸，有時大可像故事中那個游手好閒的少年，開些無傷大雅的玩笑，然後挺起胸膛，過著開朗而悠閒的生活！

海倫凱勒曾在日記中寫道：「性格不可能在平靜中安逸形成，只有經歷過磨難和痛苦，靈魂才能變得堅強，眼光才會變得清晰，雄心才能得到激勵，成功才能有望企及。」

開朗的性格，必須靠自己的意志和努力才能產生。

有的人生性內向，而且有神經過敏的傾向，往往爲了一點小事就整天煩惱個不停，想要克服這些缺點，就要加強自己的心理建設，學會讓自己做一個厚臉皮的人，否則很難在社會上生存下去。

用意志力使自己改頭換面，唯有如此，才能適應現實而複雜的社會生活，堅強地生存下去。

把危機化為成功的階梯

英國首相邱吉爾說：「當危險來臨時，不要逃避，否則危險只會有增無減；若能毅然面對，危險便可減半。」

《菜根譚》裡有段話說：「都來眼前事，知足者仙境，不知足者凡境。總出世上因，善用者生機，不善用者殺機。」

危機通常也是轉機，能將危機變成轉機就可以成爲大人物。

譬如，日本戰國時代名將織田信長遭到今川義元的駿府大軍攻擊時，還只是一個統轄尾張八郡的小諸侯，別人都認爲外號「尾張大傻瓜」的他這回絕對死定了。沒想到，在關鍵時刻，他居然化危機爲轉機，僅帶了兩千名軍隊發動襲擊，瞬間就擊潰駿府四萬大軍，並且取下了今川義元的首級，一躍而成爲人盡皆知的大英雄。

宋太祖趙匡胤城府深沉，在應付危機方面也頗有一套。

人性本來就很詐

五代末年藩鎮割據，有兩個將領嫉妒趙匡胤威名日益卓著，便想趁著他羽翼未豐，在酒中下毒，將他除掉。

但是，這個陰謀卻走漏風聲，有人事先向趙匡胤通風報信。

當這兩個將領佯裝邀請趙匡胤赴宴之時，趙匡胤表現得若無其事，立即與他們同行，沒有露出絲毫破綻。

這兩個將領心中暗暗高興，認爲趙匡胤已經中計。不料，三個人行至途中，趙匡胤卻中邪似的，突然從馬背上跳下來，然後仰起頭朝著天空比手劃腳，而且不時點頭稱是，隨後裝出若有所思的樣子。

過了一會，趙匡胤跳上馬背撥轉馬頭，並朝向二人破口大罵道：「沒想到你們兩個是如此奸詐的小人！」

這兩個將領被趙匡胤的舉動搞得滿頭霧水，便詢問到底是何緣故，趙匡胤生氣地回答說：「哼，幸虧剛才上天告訴我，你們要在酒中下毒毒死我，我才知道你們的爲人。」

這兩個將領做賊心虛，內心驚恐不已，立即躍下馬恭敬肅立，連連說：「豈敢，豈敢！」

從此，他們就打消了加害趙匡胤之心。

你必須具備的應對智慧

謹慎分析自己接收到的各項訊息，究竟是正確的，還是唬人的；迅速研判對自己好的人，究竟是虛情假意的小人，還是值得交往的好人；唯有具備這種能力，才能像趙匡胤一樣冷靜面對危機，繼而運用心機，將危機變成轉機。

英國首相邱吉爾說：「當危險來臨時，不要逃避，否則危險只會有增無減；若能毅然面對，危險便可減半。」

在人生的航程上，處處是暗礁和險灘，時時都有不測的風雲，面對突如其來的危機，首先必須要求自己沉住氣，然後思考應變方法。

消極的脫困方法是不動聲色製造一些煙幕，迷惑對手的思考和判斷能力，然後迅速斷尾逃生。

積極的方法是快速找出對方的弱點，然後以迅雷不及掩耳的姿態，從對方意想不到之處，發動猛烈攻擊。

人生是由許許多多的大小危機連接而成，如果能夠坦然面對，在厄運之中仍然充滿必勝的信念，運用智慧加以扭轉，那麼，這些危機就會變成你不斷向上晉昇的階梯，讓你飛躍到人生的另一個境界。

不守信用，又有什麼關係？

英國諷刺作家西蒙・伯特勒曾經說過：「誓言只不過是一番空話，而空話只不過是一陣風。」

古時候，有個食古不化的書呆子名叫尾生，有一天，和朋友相約在某座獨木橋邊見面。

尾生依約定的時間準時到達，友人卻遲遲未到，他便在橋邊苦苦等候，等著等著，橋下的河水突然暴漲。尾生心想「君子寧可抱橋而死，焉能失信而歸」，爲了信守約定，竟然死命抱住獨木橋，最後終於被洪水衝走。

人如果一味拘泥於小信，不知道「誠信」的眞正意義，就會做出類似尾生「抱橋而死」這般不知變通的傻事，只爲了不失信於人，遇到河水暴漲，竟然不知走避，還死抱著獨木橋不放，這樣的信用又有什麼價值呢？

我們不妨看看孔子對「誠信」的見解吧！

人性本來就很詐

孔子率領弟子周遊列國，從陳國來到蒲地的時候，適值公叔氏發動叛變，孔子一行人的行動立即遭到控制。

孔子爲了及早脫身，便派口才最好的子貢前去交涉，公叔氏對子貢說：「如果你們不去衛國，我就答應放行。」

孔子聽了，滿口承諾不去衛國，並與公叔氏訂立了誓約，於是，公叔氏便把孔子一行人送出東門。

豈料，孔子一走出東門後，馬上帶著弟子逕自往衛國的方向走去。

子貢覺得很訝異，連忙問道：「老師，您剛剛不是才與公叔氏訂立誓約，說好不去衛國，難道誓約可以背叛嗎？」

孔子白了子貢一眼，沒好氣地回答說：「關於訂立誓約這類事情，神是不大理會的。」

你必須具備的應對智慧

看完這個故事，你也許會嚇一跳，心裡納悶地想：「不會吧？孔子身爲至聖先師，平常不是教導弟子們『人而無信不知其可』嗎？怎麼會做出這種背盟毀約的事呢？」

如果你有這樣的想法，那就大錯特錯了。

其實，孔子對於尾生的做法一直都嗤之以鼻，在他的思想中，對於「誠信」的觀點，一直都是強調「大信不信」，亦即人應該講究大信，但是不必太拘泥於小信，只有那些愚夫愚婦才會斤斤計較小信。

英國諷刺作家西蒙．伯特勒曾經說過：「誓言只不過是一番空話，而空話只不過是一陣風。」

其實，在現實生活中，我們向別人承諾的事情，總是因爲一時的豪情或憐憫，或者不是基於自由意志，而是在別人百般脅迫、死纏爛打……等等情況下，不得已才答應的。

就是因爲違背自由意志，我們所能實踐的，往往不到諾言的十分之一，因此，才會出現輕諾寡信的狀況。

遇到這種讓自己懊悔不已的承諾，與其做得心不甘、情不願，倒不如學學孔子，想出一番理由自圓其說，爲自己的言行不一解套。

矛盾就是最真實的人生

人生原本就是一種矛盾的存在，不要拘泥於自己曾經許下什麼承諾，也不要一味堅持「誠信原則」而束縛自己的發展。

日本明治維新時期的功勳，開明派重臣勝海舟曾經說過一句曠世名言：「矛盾就是我的人生！」

能成大功立大業的人通常是與眾不同的，他們只講求用什麼方法達到目的，根本不會顧慮自己的言行是否一致。

他們言行之間往往充滿了極端的矛盾，有時昨天所說的話和今天所做的事完全南轅北轍。

日本戰國英雄織田信長在本能寺遭部下明智光秀襲殺之後，他的次子信雄和三子信孝爲了爭奪繼承權，彼此拉黨結派勾鬥不休。豐臣秀吉私底下想奪取織田信長遺留的霸業，但又怕打草驚蛇，於是編出一大套歪理，獨排衆議地表示，應該立長男信忠的遺腹子吉法師爲繼位者。

豐臣秀吉的主張遭到重臣柴田勝家的強硬抵制，爲了達成自己的既定目標，他便慷慨激昂地對外宣稱：「我這麼做，完全是爲了織田家的將來著想，一切都是爲了要報答信長公提拔我的恩德；爲了織田家的未來，即使是叫我切腹自殺，我也毫無怨尤！」

不久，豐臣秀吉舉兵擊敗了柴田勝家和織田信孝，逼迫他們兩人切腹自殺。

織田信雄見狀，不免兔死狐悲，緊急向德川家康求援，並數落豐臣秀吉打算奪取織田家族的政權。

豐臣秀吉知道後，擔心德川家康會與織田信雄結盟，於是使出緩兵之計，假惺惺地前去拜見織田信雄，一把鼻涕一把眼淚對他說道：「我的行動全無任何私心，只是貫徹信長公的遺志而已，如果因爲這樣而遭到你的懷疑，我感到相當難過！」

然而，不久之後，豐臣秀吉用懷柔政策拉攏德川家康，隨即攻佔織田信雄的領地，並將他放逐到秋田，同時將以前信誓旦旦要立吉法師爲繼位者的說法拋諸腦後，篡奪了織田家的霸業。

你必須具備的應對智慧

豐臣秀吉強調爲了織田家的未來，即使切腹自殺，自己也毫無怨尤，但是最後切腹自殺的卻是織田信孝和柴田勝家。他口口聲聲說要「貫徹信長公的遺志」，最後卻流放織田信雄，篡奪了織田家的霸業。

豐臣秀吉的故事，並不是教你口是心非或是動輒毀盟棄約，而是提醒你，在人生的每一個階段，都會有不同的想法和做法，也許你昨天奉爲金科玉律的想法，今早一覺醒來就覺得錯得離譜；以今天之我否定昨天之我，原本就是極爲正常的事，沒有所謂對錯。

人生原本就是一種矛盾的存在，人的價值觀念其實一直在改變，每個人和身處的環境都會隨著時間推移而產生種種變化，所以，對於別人的輕諾寡信、言行不一，不必太過於訝異和氣憤，應該做的是積極強化自己的能力，減少對別人的依賴。

相同的，一個人也不要拘泥於自己曾經許下什麼承諾，也不要一味堅持所謂的「誠信原則」束縛自己的發展。

偶爾出現表裡不一的言行，其實不要太過於自責，因爲人的存在原本就是很矛盾的，應該儘量去做一個堅強而快樂的人才是。

要拍馬屁，就要拍到底

英國劇作家威廉·史迪爾在《旁觀者》一書中說：「人世充滿著虛偽和恭維，以致於人們的言詞，幾乎不能代表他們的想法。」

莎士比亞在《第十二夜》裡，說了一句大家口頭上都不願承認的事實：「人們的耳朵不能存忍忠告，諂媚的話卻容易聽進。」

正因爲人有這種弱點，所以要拍別人馬屁就必須拍徹底，要奸詐就要奸詐到底，要卑鄙就卑鄙到底。

如果眞的能做到這種「臉厚如牆」的地步，別人再怎麼批評攻擊，也無法對你造成任何影響。

有一天，閻羅王感慨地對牛頭馬面說：「聽說陽間有許多喜歡拍馬屁的人，整天汲汲營營於名利，專門拍上司和有錢人的馬屁，使得人間是非不分，黑白顛倒。我很想懲治那些馬屁精，現在你們兩個馬上到陽間，去抓一個頂尖的馬屁精回來開刀！」

牛頭馬面領命之後，立刻到陽間捉了一個馬屁大王來到閻羅王面前，閻王看了嚇一跳，連忙問道：「喂，你們怎麼把新政府最受歡迎的部長抓來了？是不是抓錯人了？」

「怎麼會呢？我們沒有抓錯人啊！不信的話，等一下你自己審問就知道了。這個人是陽間最有名的馬屁部長，他只懂得拍馬屁，其他事情根本一竅不通，偏偏他就能靠著拍別人馬屁升官發財，而且民調支持率居高不下，眞是讓人生氣……」

「好，我現在馬上審問他，如果他眞的不學無術，專靠拍馬屁升官發財，我就要讓他嚐嚐上刀山、下油鍋的滋味。」

說完後，閻王準備開始審問，不料無意中放了一個響屁，馬屁部長見機不可失，不慌不忙地走到閻王面前，恭恭敬敬地行了一個大禮，說道：「我在陽間早就聽說閻王天子氣宇軒昂，今天一見，果然不同凡響，就連放出來的屁，也如同多明哥的演唱一樣悅耳動聽，而且還飄散著淡淡的幽香，有如清晨綻開的蓮花……」

閻王當眾放屁，原本有些尷尬，聽了這番話樂不可支地說：「你眞識貨，不愧是新政府最受歡迎的部長，我要好好地和你暢談國是一番！來呀，牛頭，你先把部長帶到貴賓室，晚上我要好好款待他。」

牛頭聽了之後，內心有些不快，小聲地碎碎唸：「哼，不是說要拿他開刀嗎？一被拍馬屁就忘了自己是誰，搞什麼名堂嘛！」

牛頭滿臉不高興地把馬屁部長帶到貴賓室，馬屁部長眼見牛頭表情不悅，暗自覺得情勢不妙，於是立即發揮馬屁功力，趨前對牛頭說：「我發現您的長相十分奇偉，您頭上的兩支角有如新月一般，眼睛就像是天上的明星，發出燦爛的光輝，簡直是一臉富貴相，如果我沒看錯的話，將來閻王天子的寶座，一定會由您繼任！」

「喔！你眞的這樣認爲嗎？」牛頭聽了馬屁部長的話，開心地咧嘴直笑，隨即扯扯他的衣袖說：「現在離晚餐時間還早，不如先到我家裡去喝茶聊天好了，我家有一泡陳年鐵觀音，頂不錯的喔！」

你必須具備的應對智慧

置身這個時時刻刻充滿變數的社會，很多時候臉皮越厚，越會溜鬚拍馬，就越容易早一步冒出頭。

臉皮厚如城牆的人，拍馬屁的功力往往不同凡響，這種行徑儘管讓人不齒，但不可否認的，卻是想在現實社會中左右逢源不得不具備的機詐。

這個見人說人話、見鬼說鬼話的馬屁部長，聽到閻羅王要罰他上刀山、下油鍋，非但沒有立刻跪地求饒，反而見縫插針，趁機大拍閻王的馬屁，又懂得察言觀色，講些動聽的話來取悅牛頭，眞是非比尋常的厲害人物。

馬屁能拍到這種收發自如的程度，臉皮之厚不由得我們不拍案叫絕，能當上部長一點也不奇怪。

英國劇作家威廉·史迪爾在《旁觀者》一書中說：「人世充滿著虛偽和恭維，以致於人們的言詞，幾乎不能代表他們的想法。」

既然如此，你大可不必理會那些八股而又行不通的道德箴言，也不用老是顧慮別人的想法，強迫自己去做不願意做的事情。

記住，別人無法評斷你的價值；任何事情，只要能堅定意志徹底去做，就能產生意想不到的影響，扭轉對你不利的局面！

PART 2.

針對敵人的弱點進行心理戰

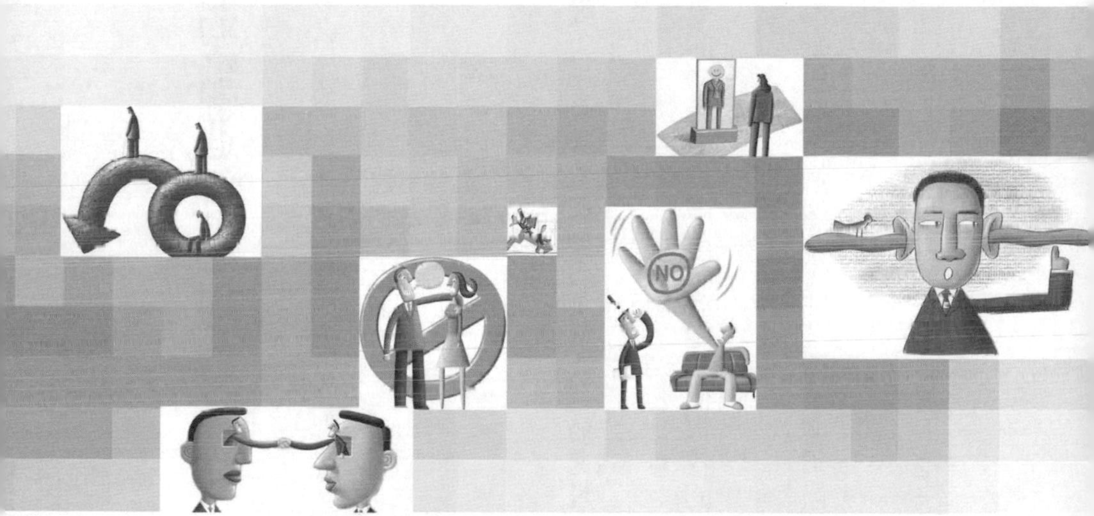

面對蠻橫無理而又無知的人，無法跟他們講道理的時候，就要針對他們的弱點進行心理戰。

針對敵人的弱點進行心理戰

面對蠻橫無理而又無知的人，無法跟他們講道理的時候，就要針對他們的弱點進行心理戰。

美國總統林肯曾說：「如果我們能夠了解我們的處境與趨向，那麼，我們就能更好地判斷我們應該做什麼，以及怎樣去做。」

我們在生活中遭受的痛苦與折磨，有些是我們自找的，有些則是周遭的人硬生生加在我們身上的。

無論如何，這些都是相當不愉快的生活經驗，必須儘快擺脫，才能讓自己身心健康，過自己想過的日子。

想要脫離眼前讓自己痛不欲生的困境，就必須下定決心徹底分析自己當前的處境，明瞭自己和對手的優勢與劣勢，然後才能設定往哪個方向突破，以最有效率的方式獲得成功。

以下這個故事雖然有點裝神弄鬼的成分，但是，多少可以讓我們在思索如何突破生活桎梏時，獲得一些啟發。

人性本來就很詐

從前，有一個秀才相當怕老婆，他的妻子是個醋罈子，生性潑辣善妒。

有一次，她怕丈夫到外頭拈花惹草，就在他的腳上綁了一條長繩，只要她一拉繩子，丈夫就得馬上前來報到。

這位秀才簡直活在水深火熱之中，苦不堪言，於是便找機會和一個平日熟識的神婆串謀，趁他的妻子睡午覺的時候，把長繩拴到一頭公羊腳上，自己則逃到外面逍遙。

秀才的妻子午覺醒來之後，便拉動繩子，要丈夫前來報到，誰知丈夫竟然不見蹤影，卻不知從哪裡跑來一頭公羊。

她大吃一驚，連忙叫人找神婆前來詢問一番。

神婆屋裡屋外逡尋了一圈，然後煞有介事地說：「哎呀，這都是因爲妳平日潑辣善妒，做事太過刻薄，把丈夫當成畜生看待，神明看不過去，因此一氣之下就乾脆把妳的丈夫變成了一隻羊。如果妳願意懺悔改過，我可以幫妳祈求上天寬恕。」

婦人聽了這番話，不禁悲從中來，抱住羊頭痛哭不已，一再向神婆表示自己一定會悔過自新，請她設法幫忙。

爲了把戲演得逼眞，神婆便要她齋戒七天，而且全家大小都要到神壇前默禱，隨即牽著羊走了。

七天之後，這個秀才慢慢晃回家，他的妻子看見他之後，立即痛哭流涕地詢問：「你變成羊好多天，辛苦嗎？」

秀才暗自覺得好笑，但是一本正經說：「嗯，我還記得因爲城裡沒草可吃，只好去啃桌腳，肚子不時隱隱作痛，還拉肚子拉了好幾天。」

他的妻子聽了更加傷心，決心要痛改前非，但是，有時候還是免不了會流露潑辣善妒的本性。

每當這個時候，這個秀才便故意爬在地上，裝成羊的樣子亂跑亂叫，婦人大驚不已，表示以後再也不敢善妒了。

你必須具備的應對智慧

這個故事告訴我們，擁有比別人更多的知識就是擁有征服的力量，尤其是，面對蠻橫無理而又無知的人，無法跟他們講道理的時候，就要針對他們的弱點進行心理戰。

智力會增加成功的機率，因此我們平常就得鍛鍊自己的腦力，讓才智像太陽一樣發光發亮，如此它才可能成爲克敵致勝的秘密武器。

同樣的，自認爲性格懦弱、意志力薄弱的人，也應該針對自己的弱點，加強心理建設。

困難，往往是我們薄弱的性格想像出來的；徬徨、膽怯、逃避……種種負面心理，總是使得我們將一灘淺水想像成汪洋大海。

人若是碰到不如意的事情就陷入苦惱的迷宮，一直想個不停，最後必然會因爲苦惱、疑惑而一蹶不振。其實，只要我們不去想負面的事情，性格自然可以變得樂觀開朗。

一個人只要腦海中存有「我是個很堅強的人」或是「不論碰到任何事情我都能隨機應變，沒什麼好怕的」之類的念頭，性格自然能夠隨之改變，進而誕生一個嶄新的面貌。

只有報復才能醫治心靈的創傷

俄國大文豪高爾基說：「除了強烈的復仇的毒藥，什麼也不能醫治我心靈的創傷。」

丹麥作家祁克果曾說：「想要了解人生，只能向前追溯；但要渡過人生，則應向前瞻望。」

確實，人生必須向前瞻望，但也不必硬逼著自己將過去的那些屈辱、不堪徹底遺忘，想醫治自己的心靈創傷，有時就必須適時適度地報復。

假如你遭到欺辱、誣陷、迫害，心中一定要想著以後不但要如法炮製，而且還要加倍奉還。

這樣不僅可以鍛鍊你的意志力和思考力，也能培養臨機應變的能力，否則，你就會淪爲人人都想欺負的懦夫。

人性本來就很詐

戰國時代，孫臏和龐涓一同拜鬼谷子爲師，學習文韜武略，兩人並結爲異姓金蘭，對天發誓日後如果心懷不軌加害對方，就受萬箭穿心而亡。

過了一段時間，龐涓自認爲修習得差不多了，便急急辭別師父和孫臏，下山求取功名。孫臏則自認尚有不精之處，因而繼續留在鬼谷子身邊學習。

鬼谷子見孫臏爲人質樸，而且勤勉好學，就將自己鑽研文韜武略的畢生菁華《鬼谷兵法》傳授給他。

龐涓回到魏國之後，受到魏惠王（梁惠王）器重，並且當上駙馬爺。後來，魏惠王聽說龐涓的拜兄孫臏頗有才學，而且深諳兵法韜略，於是就讓龐涓邀請孫臏到魏國。

孫臏在魏惠王面前論起兵法滔滔不絕，令龐涓十分嫉妒，深怕他威脅到自己的

地位，於是便在魏惠王面前百般誣陷孫臏，魏惠王信以爲眞，一氣之下命人把孫臏的膝蓋骨挖掉，關進大牢裡。

龐涓爲了騙取《鬼谷兵法》，表面上對孫臏大獻殷勤，孫臏不知道龐涓就是陷害他的主謀，十分感激地答應龐涓把《鬼谷兵法》刻在竹簡上。

後來，孫臏得知龐涓誣陷自己的實情，爲了脫身開始裝瘋，一會兒痛哭流涕，一會兒狂笑不止，說起話來顚三倒四，語無倫次。

但是，龐涓工於心計，懷疑孫臏是因爲不肯交出兵書故意裝瘋賣傻，於是叫人把孫臏扔進糞坑，豈知，孫臏竟抓起糞便就吃。至此，龐涓才完全相信孫臏眞的發瘋了。

後來，齊威王派人到魏國救出孫臏。孫臏脫險回到齊國後，深受齊威王重用，不久使出「圍魏救趙」的計謀，並親自帶兵伐魏，用減灶之計殲滅魏軍，龐涓倉皇逃到馬陵道時被亂箭射殺，萬箭穿心而亡。

如果你時時刻刻都懷著強烈的復仇念頭，不知不覺中就會提昇自己的鬥志和毅力，在忍耐的過程中，會有許許多多的感觸，想法會變得更成熟，心胸、視野也會廣闊許多。

俄國大文豪高爾基曾經這麼說：「除了強烈的復仇的毒藥，什麼也不能醫治我心靈的創傷。」

當我們受到別人欺負，心中總會想著如何報復對方，一旦燃起這種念頭，所有的自卑感和失敗感就會消失無蹤。

當然，你可以選擇原諒對方，或者發揮阿Q精神，要求自己不跟對方計較，但是，若是要維持心理健康，就必須奉行「以眼還眼，以牙還牙」的原則，並且根據這個原則行動，把報復的主動權掌握在自己的手上，這才是一個聰明的強者該有的作爲。

趁早脫身，才能躲過厄運

想要走出爾虞我詐的人性叢林，不被有心人士繼續利用，就必須絞盡腦汁，用積極行動幫助自己脫身。

奧地利作家茨威格在《桎梏》一書中寫道：「人應該為自己的思想去獻身，而不是為別人的瘋狂去送死。」

的確，電光石火般的人生太過短暫了，而我們想達成的願望卻是那麼多，因此我們只能選擇爲自己和心愛的人而活。這麼說雖然現實，但是也是人生中不得不然的無奈選擇。

尤其，在這個奸惡之人當道、詐術騙術日不暇給的年代，許多有心人士更是處心積慮想要騙取我們的時間、熱情與精力，去爲他們賣命，我們怎能不趁早從這些陷阱中儘快脫身呢？

人性本來就很詐

明朝知名的風流才子唐伯虎，精通詩畫，博古通今，文才遠近馳名。寧王朱宸濠久仰其名，便重金禮聘他到自己的封地當官。

唐伯虎走馬上任後，朱宸濠對他相當禮遇。但是，經過一段時間，唐伯虎猛然察覺朱宸濠大肆招兵買馬，有圖謀不軌的跡象，暗自警惕：「此地是火坑，不可久留。」

他清楚朱宸濠生性多疑，倘若公然表達辭隱的意思，必定會引起朱宸濠的猜忌，搞不好還會招來殺身之禍，於是他就仿效孫臏裝瘋賣傻之計，忽哭忽笑，說話顛三倒四。

朱宸濠知道這事之後，派人前來查看他是否眞的瘋了，只見唐伯虎全身赤裸、披頭散髮，在衆目睽睽之下淫猥地撫弄自己的生殖器官，還往地上撒尿，然後又抓起污物來吃。

朱宸濠聽到屬下這番描述，認爲唐伯虎眞的瘋了，不覺興起憐憫之心，派人把他送回家鄉。

後來，朱宸濠謀逆不成，伏法受誅，餘黨無一倖免，唯有唐伯虎及早脫身，沒有被株連。

你必須具備的應對智慧

缺乏識人之明與觀察能力的人，總是迷惑於眼前的際遇，總是認爲對自己好的人就是好人，對自己好的事就是好事，忘記人性是虛僞狡詐的，世事是變動不羈的。

這樣一味仰賴別人的結果，其實只會削弱自己的應變能力，有時甚至陷入險境而不自知。

日本心理學家德田虎雄在《產生奇蹟的行動哲學》一書中提醒我們：「行動，行動，行動……，只有徹底的行動，才是改變自己，改變自己周圍社會的唯一途徑。」

把自己的人生希望寄託在別人身上，不僅僅是危險的行徑，同時也是可憐與可悲的懦弱表現。

想要走出爾虞我詐的人性叢林，不被有心人士繼續利用，就必須絞盡腦汁，用積極行動幫助自己脫身。

萬一想不出更好的點子，不妨學習唐伯虎裝瘋賣傻的計策，讓對方認爲你已經沒有利用價值，而不再對你糾纏不休。

這個方法雖然有損顏面，但是，想要讓自己快活一輩子，暫時委屈自己一下子又有什麼關係呢？

小心敵人的甜言蜜語

在高度競爭的時代，必須提防別人的惡性競爭，不論做什麼事情，都要有掌握正確資訊和運籌帷幄的能力。

日本心理學作家邑井操在《決斷力》一書中寫道：「一個成功者之所以與一般人不同，就在於他能夠在勝負未分之前，對自己的應變能力充滿信心，然後去謀取獲得勝利的條件。」

的確如此，成功者之所以能夠成功，關鍵就在於競爭過程中，懂得掌握最新最快的情報，然後設法爲自己製造最有利的條件，不動聲色地排除那些潛藏在暗處的威脅。

至於失敗者之所以失敗，往往就是引用錯誤的情報錯估形勢，或者昧於知人，喜孜孜地把別人包藏禍心的建議，當成對自己有利的忠言，事前既不查證，事後又對自己的失敗感到莫名其妙。

人性本來就很詐

李林甫是唐玄宗的宰相，也是以口蜜腹劍「名垂青史」的陰謀家。

他有一個心腹大患名叫嚴挺之，由於觸怒唐玄宗而被貶黜到地方任職，但是李林甫仍時存戒心，對他處處提防。

果然，有一天，唐玄宗突然想起嚴挺之，想召他回京師任職，便信口問李林甫說：「嚴挺之現在被貶到哪兒？過幾天把他調回京城吧！」

當天，李林甫退朝後，立刻擺駕前往嚴府，笑嘻嘻地對嚴挺之的弟弟說：「我是特地來報喜訊的，陛下對令兄的現況相當關心，想把他召回京師，但是，又拉不下面子，你不妨通知令兄，讓他向皇上聲稱自己中風，奏請回京療養，讓皇上有個台階可下……」

嚴挺之接到弟弟的書信，不禁喜上眉梢，即刻派專人呈遞奏文，請求唐玄宗調他回京。

唐玄宗接到奏文之後，隨即詢問李林甫應當如何處理，李林甫當下擺出一副忠厚老實的模樣，恭恭敬敬地回答說：「嚴挺之已經年紀老邁，而且中了風，念在他以前的功績，敬請陛下恩賜，把他調回京師擔任閒職，讓他專心養病。」

唐玄宗聽到李林甫這番爲嚴挺之「設想」的說詞，不疑其中有詐，直誇讚他：「你眞是體恤嚴挺之啊！」

你必須具備的應對智慧

美國有句俗諺說：「甜言蜜語是射向心臟的箭。」

李林甫的奸詐手段，幾乎已經到達爐火純青的境界。

看完這則故事，我們不難理解，李林甫可以在唐玄宗時代獨攬大權，屢次鬥倒政敵，其實不是偶然。

當他從言談之中聽出唐玄宗有意再起用嚴挺之的訊息，便開始構思如何保護自己的地位，當下拿出看家本領，施用巧計，既把政敵嚴挺之東山再起的機會消滅於無形，又讓唐玄宗以爲他「宰相肚裡能撐船」，眞不愧是口蜜腹劍的厚黑高手。

嚴挺之被李林甫耍得團團轉的例子，並不是古代資訊不發達的社會才有，事實上在現代高科技社會中也屢見不鮮。

這些受騙上當的人的慘痛教訓，無疑提醒我們，在高度競爭的時代，必須提防別人的惡性競爭，不論做什麼事情，都要有掌握正確資訊和運籌帷幄的能力，才能先下手爲強。

如何過河拆橋最安全？

莎士比亞在《奧賽羅》中說：「遭小偷的人，要是不知道小偷偷走了什麼東西，別人也不讓他知道，他就會感覺自己並沒有任何損失。」

日本作家扇谷正浩說：「世界上最聰明的人，就是懂得如何使用聰明，而且事成之後不遭到他人反噬的人。」

宋太祖趙匡胤無疑就是這樣的聰明人。他靠著部下發動「陳橋兵變」，披上黃袍創立大宋江山，政局穩固之後，又害怕眾位將領如法炮製，威脅到自己的地位，便使出過河拆橋的手段，不但用杯酒釋掉部下手中的兵權，還想盡辦法榨乾他們身邊的錢財，讓他們叛變的實力減到最低。

以下就是趙匡胤的經典傑作之一。

宋太祖趙匡胤陳橋兵變、黃袍加身後，說過一句膾炙人口的名言：「臥榻之側，豈容他人酣睡？」

他建立宋朝江山之後，先用杯酒釋兵權的方法，削奪了各州節度使的兵權，但是後來又擔心他們留在身邊的錢財過多，尚有招兵買馬的實力，便找藉口告訴他們說，既然解甲歸田了，就要好好享受人生，硬給他們每人修建了一座華麗豪宅，每座住宅都耗費了數萬兩黃金。羊毛出在羊身上，這些錢當然由節度使們自行支付。

接著，趙匡胤又藉口要和昔日戰友敘敘舊，設局邀請他們到皇宮赴宴。結果，當晚衆節度使都喝得酩酊大醉，不省人事，趙匡胤於是找人傳令，叫他們的家人前來將他們攙扶回家。

趙匡胤客客氣氣送他們到殿門之時，煞有其事地對這些將領的家人說：「你們的父兄在宴飲的時候，都答應要捐出十萬貫錢給朝廷，我怕他們酒醉後忘了這件事，你們可得提醒提醒他們。」

後來，諸位節度使酒醒以後，便詢問他們是怎麼回家的，在皇上面前有沒有失禮的舉止。

他們的子弟都回答說：「失禮倒是沒有，不過，皇上說，你們都答應要捐十萬貫錢給朝廷。」

這些將領們聽了莫不大吃一驚，但是繼而一想，覺得自己喝醉以後，搞不好眞的說過這番話，不然皇上怎麼會這麼說呢？要是不快點把錢捐出，恐怕會惹皇上生氣。

第二天，諸位節度使雖然心裡極不情願，但是爲了保住腦袋，都如數捐出了十萬貫銅錢。

你必須具備的應對智慧

莎士比亞在《奧賽羅》中說：「遭小偷的人，要是不知道小偷偷走了什麼東西，別人也不讓他知道，他就會感覺自己並沒有任何損失。」

趙匡胤可以說是中國歷史上數一數二的厚黑高手，不但心思纖細縝密，騙人的招數出神入化，連「偷東西」的功夫也毫不含糊，偷東西偷到這種境界，簡直可以稱爲「神偷」。

不過，話說回來，他也是中國開國君主中最溫和善良的，懂得運用巧妙的手腕逼退那些戰功彪炳的元勳，讓彼此相安無事。這種手段至少比大肆誅殺功臣好上許多，値得想甩開人情包袱的人效法。

如果你利用別人替自己打天下，事成之後想要過河拆橋，一定要先設想可能的負面影響，而且，過程中必須留意自己的處理技巧，如此才不會引起激烈反彈，導致弄巧成拙。

得意忘形，最容易掉入陷阱

面對顯而易見的騙局，我們通常都能輕易地識破。但是，一旦你自認遠比別人聰明而得意忘形時，你就會墜入另一個圈套之中。

荷蘭思想家史賓諾莎說：「誠實的人向來討厭虛偽，而虛偽的人卻常常以誠實的面目出現。」

確實如此，誠實有時候只是虛僞的另一種寫法。

當別人有心存心要欺騙你的時候，你一定要提高警覺，因爲，這時候他們往往會以誠實、謙卑的面貌出現，然後使用巧妙的伎倆遂行騙術，讓你被騙了還渾然不自知。

古時候，有一個文人叫朱古民，以行事機智幽默聞名。

有一年冬天，他到一位湯姓文人家中拜訪，兩人坐在火爐前天南地北地閒聊。聊著聊著，湯姓文人嫉妒朱古民享有盛名，不以爲然地說：「別人常常誇獎你聰明機智，我偏偏不信我的才華智慧會輸給你，這樣子吧，我坐在屋內，如果你有辦法把我騙到屋外去，我就甘拜下風。」

朱古民想了一下，面有難色地回答說：「老兄，這未免太困難了吧！屋外颳風下雪，天氣那麼寒冷，而且你心裡已經打定主意不讓我騙，就算我用盡各種法子，你也必定不肯走出屋外。不如這樣，我們換種比較容易的方式，你先到屋外，我用室內的溫暖來引誘你，這樣子，你一定很快就會被我騙進來。」

湯姓文人聽後，不疑有詐，笑著說：「哼，你想騙我，哪有這麼簡單?!我就走到屋外，看你有什麼本事騙我進來！」

湯姓文人隨即得意洋洋地走到屋外，然後對屋內的朱古民高聲喊道：「喂，我已經到屋外了，你現在趕快騙我到屋內吧！」

朱古民看了湯姓文人在風雪中凍得發抖的模樣，拍手笑道：「湯兄，我何必再騙你呢？我早已經把你騙到屋外了。」

你必須具備的應對智慧

話說得越悅耳動聽、越合情合理，越必須反覆斟酌其中是否有詐。

因爲，語言只不過是一種工具，有時用來表達眞實意見，有時用來隱藏見不得人的心思，要是不細心推敲，就容易被表面現象欺騙。

面對顯而易見的騙局，我們通常都能輕易地識破。但是，人性是狡詐的，一旦你掉以輕心，自認遠比別人聰明而得意忘形時，你就會墜入另一個圈套之中，正像故事中的湯姓文人，自己都已經被騙到屋外了，卻渾然不知，還高聲喊著要別人把他騙到屋內。

為什麼你要不好意思？

詩人克雷洛夫說：「一個真正的天才，能蔑視世人的毀譽，他們天生的特長，使得批評家啞口無言。」

日本心理學家德田虎雄在《產生奇蹟的行動哲學》中，告訴我們一個鍛鍊堅強性格的方法：「為了像一個真正的人那樣生活，就要有自己的奮鬥目標，並為了達到目標而徹底改變自己。」

這是因爲，想要達到自己的終極目標，就要有不顧一切奮力向前的積極精神，一旦找出明確可行的奮鬥目標，人的精神狀態就會在無形之中有所改變。精神狀態變得積極昂揚，人的性格也會徹底改變。

日本明治維新時代的大思想家福澤諭吉，年輕的時候以行徑荒誕不經著名。他經常假冒警察到戲院看霸王戲，一看到婚喪筵席便毫不客氣坐下來大吃一頓，遇到救火場面，還會假冒英勇救災的消防員，臉不紅氣不喘地接受商家的慰勞和餽贈。

福澤諭吉出身舊式士族家庭，但他從不理會什麼「士族的體面」這回事。當時，維新政府推動廢藩運動，士族地位日趨沒落，但仍然相當重視體面，保留著許多繁文縟節，譬如絕不能自己親自外出買東西，因爲拋頭露面有損士族的尊嚴，所以這類雜事必須交由僕人來做。

但是，當時一些低階的士族已經沒有財力養活僕人，要買東西只有自己跑腿，在顧及顏面的情況下，只有等到晚上，街上行人稀疏的時候，用方巾包住臉部，然後躡手躡腳地出去買。

然而，福澤諭吉卻從不避人耳目，經常在大白天拿著酒瓶跑到酒舖買酒，同伴們看不慣他老是敗壞士族顏面，就數落他說：「你好歹也顧一些我們士族的顏面吧！大白天拿著酒瓶跑到酒舖買酒，成什麼體統？你難道一點都不覺得不好意思嗎？」

但是，福澤諭吉卻不以爲然地表示：「我爲什麼要不好意思？」

他反唇相譏說：「如今士族的地位已經大不如前了，以往的副業現在已變成謀生的本業，所以不要老是以爲我們是士族而自鳴得意，其實，如今的我們境遇和尋常百姓又有什麼不同呢？」

福澤諭吉之所以會有這麼大的轉變，是有原因的。

有一天晚上，福澤諭吉走在一條空曠無人的道路上，對面忽然出現了一個人，因爲當時社會動盪不安，夜晚常常發生強盜殺人案件，所以他發現這個人後，心中大吃一驚，以爲對方是個強盜。

他原本想逃走，但是武士道精神卻不容許他這麼做，因爲，逃跑保全生命，對武士而言無異是奇恥大辱，於是他硬著頭皮，額上直冒冷汗，表面上卻仍挺胸大步向前行走。

他直覺地感到，對方也正注意著他，於是就在擦身而過的剎那，忽然飛快地拔腿狂奔，直到一段距離之後，才停下來回頭觀望，卻發現對方也和自己一樣飛奔，這才明白，原來對方也把他誤認爲強盜了！

自從這件事以後，福澤諭吉的想法便徹底改變，跳脫了虛榮的桎梏，後來創辦慶應大學，成爲一代思想宗師，至今肖像仍留在日本鈔票上。

福澤諭吉告誡後人說，既然是人，就應該想到擁有生命才能擁有一切，因爲害怕而拔腿狂奔是極自然的現象，根本不是什麼丟臉的事，如果爲了顧及顏面，萬一喪失生命，那才眞是迂腐的行爲呢！

你必須具備的應對智慧

俄國詩人克雷洛夫說：「一個眞正的天才，能蔑視世人的毀譽，他們天生的特長，使得批評家啞口無言。」

福澤諭吉的故事告訴我們，不論是覺得失戀很丟臉、做錯事很丟臉，甚至因害怕而逃避現實也是很丟臉的……這些都是錯誤的想法。

任何人都難以避免地會遭到失戀、失敗的打擊，也很可能一念之差做錯事，或是藉著某種形式逃避可怕的現實壓力，一切原本都是自然現象，又有什麼好羞恥的呢？

和作姦犯科、犯下滔天大罪相比，這些芝麻細事情根本沒有什麼大不了，何必覺得難爲情呢？假如你終日爲了這些細事患得患失，那麼，你就會變成一個神經衰弱，或者卑微懦弱的人。

如果你能從現在開始改變自己的態度，鍛鍊自己的臉皮，心胸就會更加開闊，見地也才會愈加成熟，才能優游自在地過自己的人生。

何必在意別人怎麼看自己？

若是整天為了流言蜚語瞎操心，不但有害身心健康，而且也不敢有開創性的作為，那不是很愚笨嗎？

俄國文豪高爾基說：「一個人想要在生存鬥爭中取勝，就得要有智慧，不然，就得要有野獸一般的心腸。」

在這個人人都想出頭的年代，人往往會處心積慮地塑造自己，試圖以完美的形象與表現出現在公眾面前，加深別人對自己的印象。

如果你自認沒有野獸一般的心腸，那麼，想要在競爭激烈的人生獲勝，就必須運用智慧出奇制勝，同時，不要理會別人如何批評、抗議。

法國有家「未來海報廣告公司」，創業之初爲了打響知名度，不斷苦思良策，殫精竭慮之後，便在某個大樓的廣告牆上張貼了一幅巨型海報。

海報上只有一個漂亮的女郎和一行文字。女郎身材健美，笑容可掬，穿著三點式泳裝，雙手插在腰際，身邊的一行斗大的文字寫著：「九月二日，我將脫去上半身的泳衣。」

路過的行人看得滿頭霧水，既不知道這幅養眼的海報有何用意，也不知道是誰張貼的，一時之間，路人議論紛紛，不約而同想看看海報上的漂亮女郎，會不會眞的在九月二日露出上半身。

九月二日清晨，圍觀的人群赫然發現，這個漂亮女郎依舊雙手插腰，向行人露出迷人的微笑，但上半身的泳衣果然不見了，露出豐挺的雙峰，女郎身邊的那行大字也換成：「九月四日，我將脫去下面的。」

出奇的海報戰術，不但引起了過往行人品頭論足，還引起新聞媒體的注意，記者們四處探聽採訪，但卻一無所獲。

九月四日凌晨，許多人一大早就起來，前去看個究竟。

他們見到的畫面是，漂亮女郎下面的泳褲果然不見了，女郎身材修長勻稱，背向著行人一絲不掛，身旁照舊有一行字，寫著：「未來海報廣告公司，說得到，做得到！」

未來海報廣告公司就靠著這個廣告而名氣扶搖直上。

儘管事後法國婦女解放組織指責該公司以女體做廣告，有損婦女尊嚴，引起了一場糾紛，但未來海報公司卻從此打響了知名度。

你必須具備的應對智慧

太過於在意別人怎麼看自己，只會讓自己行事受到牽制。

豐臣秀吉絕不在乎別人對他的觀感如何，即使有人當面對他說：「我從沒看過像你臉皮這樣厚的人！」他也毫不介意，反而嬉皮笑臉地回答：「是的，我就是這種厚臉皮的人。」

後來，他更進一步認爲，既然大家都知道他臉皮厚，做事情不就可以更加恬不知恥？別人對他擺明了「不要臉」的行事作風雖然不喜歡，但也莫可奈何，拿他沒辦法。

有許多人往往爲了別人對自己的看法、批評和傳聞而終日心神不寧，其實，有什麼好煩心的呢？這類事情都是短暫的，只不過像啤酒泡沫一樣微不足道，若是整天爲了這些流言蜚語瞎操心，不但有害身心健康，而且也不敢有開創性的作爲，那不是很愚笨嗎？

PART 3.

提防別人對你進行「道德謀殺」

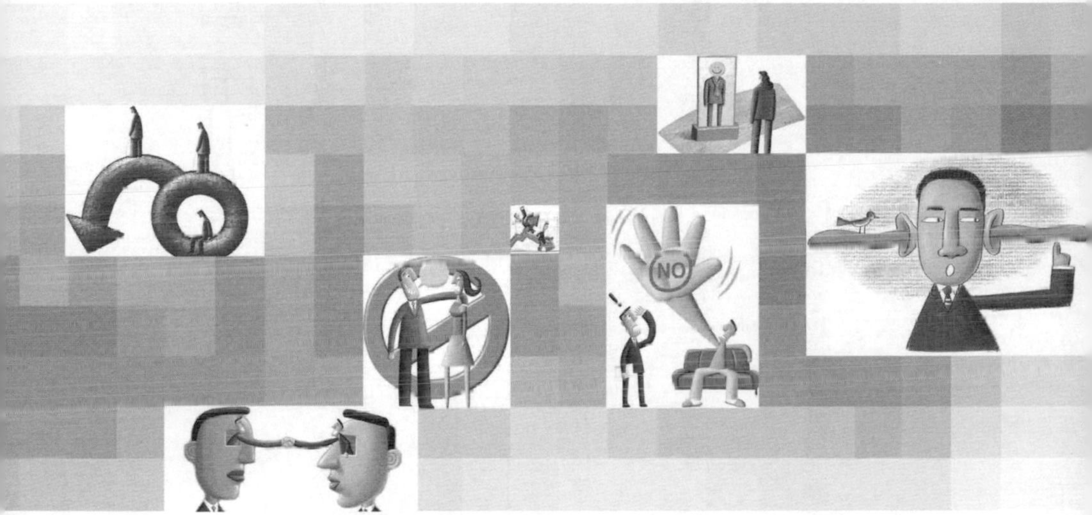

拿破崙曾說：「暗殺一個人有許多種不同方式，用手槍、刀劍、毒藥，或是道德上的暗殺。這些方式的結果是相同的，只是最後一種更為殘酷。」

「沽名釣譽」有什麼不好？

假如你覺得自己懷才不遇，想要改變現狀，不妨學習陳子昂「沽名釣譽」的方法，努力為自己創造機會吧！

法國思想家狄羅德說：「沒有目標，就做不成任何事；目標渺小的人，就做不成任何大事。」

人必須抱持著樂觀的態度積極求勝，想要使自己出人頭地，心中必須存有絕對不輸給別人的信念。

只要設定目標就會產生自信，一旦有了自信，就能適應社會的變化無常，過著樂觀奮鬥的生活。

唐朝初年的大詩人陳子昂曾經寫過：「前不見古人，後不見來者；念天地之悠悠，獨愴然而淚下」的千古名句，但是，他剛從四川風塵僕僕到京師長安謀發展之時，並沒有多大名氣，因此整天苦思良策，覓尋能讓自己一舉成名的「終南捷徑」。

有一天，他經過市集，見到有個賣胡琴的人，聲稱他的琴是上古留傳下來的罕見珍品，價值百萬，圍在一旁觀看的富豪顯貴們競相傳閱，但是卻無人能夠分辨眞假。

這時，陳子昂突然從人群中昂然走出，對左右侍從說：「用車子拉一千貫銅錢來，將這把琴買下。」

衆人見到陳子昂出手如此闊氣，都感到驚奇，紛紛上前詢問他爲什麼連看都不看就把胡琴買下。

陳子昂回答道：「這是因爲，我對彈奏胡琴很在行。」

有人開口問說：「喔？那我們可以欣賞一下你的琴藝嗎？」

陳子昂回說：「沒問題，明天你們可到寒舍來。」

第二天，許多人按照約定時間來到陳子昂的住處，只見那裡早已備好酒菜，胡琴則放在桌前。

大家吃完飯後，便起鬨要求陳子昂彈奏胡琴，陳子昂手抱胡琴說道：「蜀人陳子昂，著有文章百卷，風塵僕僕來到京城，但卻鮮爲人知。演奏胡琴乃是低賤的樂工所爲之事，不值一哂！」

說完，陳子昂便將胡琴摔在地上，霎時胡琴支離破碎。接著，陳子昂便把自己刻印好的文章取出贈送給前來湊熱鬧的人。眾人讀了，嘖嘖稱奇，一天之內，陳子昂就譽滿京城。

你必須具備的應對智慧

唐代文風鼎盛，只要有文采，都能獲得傳頌讚揚。陳子昂利用胡琴施出奇計「沽名釣譽」，果然聲名大振。

有句諺語提醒我們：「人既要有一步登天的雄心壯志，也要有步步為營的踏實態度。」

假如你覺得自己懷才不遇，想要改變現狀，不妨學習陳子昂「沽名釣譽」的方法，努力爲自己創造機會吧！

別說自己沒辦法，路是人走出來的，辦法也是人想出來的，只要你想要成名的慾望夠強，就一定可以跨越障礙。

如果你厭倦了思想呆板、毫無創意的自己，不妨將以往陳舊的慣性思考模式拋開，重新尋找一些新的思考方法；經過訓練之後，你的潛意識就會朝著新的思考方向發揮作用，一個嶄新的自我自然會應運而生。

提防別人對你進行「道德謀殺」

拿破崙曾說：「暗殺一個人有許多種不同方式，用手槍、刀劍、毒藥，或是道德上的暗殺。這些方式的結果是相同的，只是最後一種更為殘酷。」

日本相撲界強調，想要成爲一個成功的力士，必須堅守「三不」原則。

所謂「三不」原則，就是不生病、不受傷、不理會，其中又以「不理會」這條守則最爲重要，就是對於失敗、挫折，以及別人對自己的看法和批評，全都不加以理會。

一個人若是在意別人對自己的批評，就會作繭自縛，凡事先想到是否對自己的聲譽有所損害，而想要表現得更加符合旁人的心意。如此一來，就等於將自己禁閉在虛榮的牢籠中，別人的批評和讚譽，反而會使自己精神層面的成長停頓下來。

因爲設立諾貝爾獎而享譽國際的火藥商亞佛雷得．諾貝爾，曾經是一個惡名昭彰的大奸商，也是一個對別人的批評置若罔聞而獲得成功的典範。

儘管，他尚未聲名遠播之前，法國人對他的批評極爲尖酸刻薄，例如「該死的商人」、「專門搞破壞的惡棍」、「冷血無情的火藥梟」……等等，但是他絲毫不以爲意。

諾貝爾是瑞典人，但是在巴黎住了十八年，從事軍火研發及買賣。

他爲了改良槍砲彈藥等武器，打通關節向法國政府商借了一座靶場，進行各式各樣的試驗。後來，他研發出無煙火藥，想要將專利賣給法國政府狠狠撈一筆，不料法國政府嫌他開價太高，拒不接受，於是，諾貝爾就將專利轉賣給義大利政府。

諾貝爾研製出來的軍火產品，幾乎都在他稱爲「第二故鄉」的法國境內實驗成功，倘若賣給其他國家還情有可原，可是他卻見利忘義，偏偏將無煙火藥賣給法國的死對頭義大利，因此法國人相當憤慨，大罵他是「該死的商人」、「專門搞破壞的惡棍」、「冷血無情的火藥梟」……

對於這些謾罵，諾貝爾根本懶得理會。

後來，他在世界各地設立了許多火藥公司，累積了龐大的財富，便開始積極營造自己的形象。

他拿出一大筆錢創設諾貝爾獎，獲得各國人士的器重，從此搖身變成一個全球聞名的偉大人物，也扭轉了過去大家對他的卑劣印象。

你必須具備的應對智慧

拿破崙曾經說過一段膾炙人口的話語：「暗殺一個人有許多種不同方式，用手槍、刀劍、毒藥，或是道德上的暗殺。這些方式的結果是相同的，只是最後一種更為殘酷。」

因爲，當你患得患失地面對別人的批評之時，就會失去自由自在的思考能力，無法放手去做自己眞正想做的事，最後就無可避免地淪爲任由別人價值觀念操縱的傀儡。

所謂的批評，常常是一種道德上的謀殺。

所謂的建議，通常也是不負責任的餿主意。

在變動不羈的人生旅程中，必須時時提醒自己「人性本來就很詐」，認清各種包藏禍心的批評與建議，避開可能坑殺自己的陷阱。

諾貝爾的例子足以說明，世人都是趨炎附勢的庸碌之徒，只要你成功了，別人對你的評價自然而然會大爲改觀。

不要與豺狼共舞

馬基維利在《君王論》裡說：「只有依靠你自己和你自己的能力，才是可靠的、有把握的和持久的。」

墨西哥有句俗諺說：「千萬不要相信豺狼，你給牠一個指頭，牠就會吞掉你整個胳膊。」

世間有太多吃人不吐骨頭的豺狼，但是有的人被名利富貴沖昏了頭，偏偏想與豺狼合謀，試圖設下陷阱誆騙別人，殊不知，最後一個掉入陷阱的往往就是自己，白白成了豺狼的點心。

以下的這個故事，就是我們必須引以爲戒的教訓。

唐代宗時期的名將李抱貞坐鎮潞州之時，由於軍資匱乏，便無所不用其極地四處籌措。

當時，潞州有一老和尚德高望重，頗受民眾敬仰，李抱貞便把他請來，恭恭敬敬地說：「目前軍資匱乏，我想借重您的聲望來籌措軍餉，不知可不可以嗎？」

老和尚說：「這沒有不可以的。」

李抱貞便將事先想好的計謀說出：「那就請您向信徒宣佈，您已決定挑選良辰吉日，要在球場焚身升天，請信徒們捐錢做法事。我會事先在附近挖一條地道，與球場中央相通，等到大火點燃以後，您就悄悄從地道中爬出，然後對信徒宣稱，西方佛祖要您繼續留在凡間普渡眾生。如此一來，我籌得了軍資，您的威望也會如日中天。」

僧人聽了樂不可支，很高興地接受了這個計劃，於是開始四處宣傳自己即將焚身升天。

隨後，李抱貞便在球場中央堆積柴薪，連續作了七天法事，晝夜香火不斷，誦佛唸經之聲不絕於耳。另外，他也請老和尚進入地道，讓他詳細察看，消除他的心中疑慮。

到了焚身當天，前來觀看的善男信女摩肩擦踵，把球場擠得水洩不通。時辰一到，老和尚身著華麗袈裟登上祭壇，手持香爐，對衆人弘佛說法；李抱貞也率領僚屬到場頂禮膜拜，並率先把自己的俸祿全都捐出。善男信女們見狀，也紛紛捐出自己的財物，施捨的錢財不計其數。

李抱貞斂足了錢財，這才派人點燃堆積的柴薪，並擊鐘唸佛。誰知，就在老和尚想要爬出地道，向信衆展現「神蹟」之時，赫然發現李抱貞暗中派人將地道堵死了。

不一會，老和尚和木柴同時化爲灰燼，李抱貞隨即派人清點財物，全部用馬車載回軍營。

馬基維利在《君王論》裡說：「只有依靠你自己和你自己的能力，才是可靠的、有把握的和持久的。」

要與豺狼共舞，必須先估算一下自己究竟有多少本事，要是自己能力不足，必須依賴別人才能成事，就別貿然嘗試。

千萬不要聽信別人提供的狡詐手段，試圖以此滿足自己虛榮和慾望，否則下場就像故事中貪圖聲譽的老和尚一樣。

呆頭呆腦的老和尚「與豺狼共舞」的結果，白白丟掉自己寶貴的生命，而且恐怕臨死之前，還不敢相信，堂堂一代名將李抱貞竟然會幹出這種「謀財害命」的勾當！

把迷信變成樂觀的思想

法國文豪羅曼羅蘭說：「信仰不是一種學問，而是一種行為，它只有在被實踐的時候才有意義。」

日本名作家三島由紀夫曾經在他的著作《行動學入門》中寫過一段話：「當我們在做一件事情時，總是先訂下一個自認為合情合理的計劃，然後才著手去幹，但是，過程中往往卻被一些事前未曾預料到的力量阻礙，以致於前功盡棄。因此，人們經常感覺到有一股神秘力量環繞在我們的生活圈子裡，左右我們一切的行動。」

確實如此，人總是覺得自己擬定的計劃合情合理、無懈可擊，最後一定能夠成功，但是卻經常受到偶發因素的干擾，以致於計劃進行得不順利，所以，有些人就開始祈求神佛幫助，或者借助神佛的力量穩定軍心。

北宋年間，廣西壯族首領儂智高率眾叛變，據地稱王，名將狄青奉命徵調駐紮在桂林的軍隊前往征討。

由於壯族位於蠻荒瘴癘之地，加上山路險阻難行，軍隊剛剛從桂林出發，兵士們便個個面露疑懼的神情。

狄青知道南方的習俗特別崇拜鬼神，因此經過一處山神廟時，便命令眾士兵暫時歇息，然後恭恭敬敬地在廟前對天告禱說：「這回前去征討壯族，勝敗難料，我在這裡誠心向上蒼祈禱，庇祐我們能夠凱旋歸來。現在，我手中有一百枚銅錢，我把這些錢擲出去，如果全部出現正面，就表示上蒼將庇祐我們大獲全勝。」

左右參將連忙勸告狄青說，萬一銅幣撒出去後不能全部現出正面，恐怕會對士兵產生負面的心理影響。

但是，狄青不聽勸告，在眾目睽睽之下信手一撒，把手上的一百枚銅錢全部擲出去，派人查看的結果，竟然全部都是正面。一時之間，兵士們歡聲雷動，聲音迴盪山谷。

狄青見狀相當高興，接著，又派人拿來一百根鐵釘，將每個銅錢釘住，然後對士兵們說：「等我們凱旋歸來之時，再來取錢謝神。」

後來，狄青果然順利平定壯族之亂，班師返回桂林途中，經過這座山神廟的時候，派人取回了鐵釘、銅錢，士兵們拿起銅錢一看，才發現，錢幣的兩面居然都是正面。

征討壯族之路崎嶇險阻，加上崇山峻嶺中瘴癘之氣瀰漫，導致兵士們疑懼不前，因此，狄青才會拿出事先準備好一百枚「特製」的銅錢，假借鬼神的名義，增強軍隊戰勝的信心，也因此獲得勝利。

你必須具備的應對智慧

三島由紀夫認爲，世界知名的冒險家和政治家當中，有許多人是神秘主義者，他們相信宇宙之中有一種不可思議的力量，可以幫助自己獲得成功，因此面對危險和困難時，他們的心情會鎮定下來，從不安和恐懼中解放出來，進而產生更多對抗障礙的勇氣。

大多數的冒險家或政治人物都相信占卜的神秘力量，有趣的是，他們除了充滿野心、賭性堅強以外，還有一種特殊的現象，那就是只相信對自己有利的預言，不利的部分就完全不相信。

譬如，看手相或是批流年的時候，算命師所說的好話，他們會記得一清二楚，至於那些不利的預測，他們一轉身就全部忘掉了，這樣的迷信可以說是充滿了樂觀的思想。

也許有人會反駁：「只相信好的一半，卻不相信另一半壞的，這不是很矛盾嗎？如果覺得算命不可信，那就不要相信算了。如果相信有利的部分，那麼不利的部分也應該相信才對！」

但是，占卜的奧妙就在這裡——你相信什麼，最後就會得到什麼，一味講求它的科學性，是愚笨至極的行爲，根本不了解占卜的本質。

法國文豪羅曼羅蘭說：「信仰不是一種學問，而是一種行為，它只有在被實踐的時候才有意義。」

遭遇挫折或者困難的時候，我們應該學習狄青激勵士兵的智慧，充滿樂觀進取的思想，讓「樂觀的迷信」變成一股積極的動力，讓自己和周遭的人充滿信心和勇氣。

以牙還牙，才是成功的心法

俄國作家赫爾岑說：「人生只有在鬥爭中才有價值，只有受過痛苦，才能領悟人生的價值。」

儘管，許多所謂的「賢人」一再告誡我們，報復是心胸狹隘的，要學會放下，但是，這種一味想要息事寧人的消極想法，只會使壞人更加氣焰高張，好人更加無處容身。

以牙還牙，才是成功的心法。

一個弱者想在現實又勢利的社會生存下去，必須要有這種報復雪恨的態度，這是人生中最積極的能量。

越王勾踐被吳王夫差打敗後，困守在會稽山上，不得不派人向夫差求和。夫差志得意滿地接受了勾踐的請求，但是提出苛刻的條件，要勾踐到吳國當夫差的僕人，勾踐礙於情勢，不得不忍辱答應。

勾踐到吳國後，住在山洞裡，每次夫差外出，他就恭恭敬敬地走在前頭為他牽馬；遇到路上有人故意羞辱謾罵，勾踐也始終低頭不語，表現出一副奴顏婢膝的模樣。

他表面上裝得懦弱無能，暗中卻積極策劃復國雪恨的計劃。

有一次，夫差病了，勾踐聞訊前去探望，為了表達自己對夫差忠心耿耿，便虛情假意地對夫差說：「我曾跟名醫學過醫道，只要嚐一下病人的糞便，就能知道病情的輕重。」

隨即，勾踐親口嚐了嚐夫差的糞便，然後裝出一副諂媚的模樣對他說：「恭喜大王，剛才我嚐了大王的糞便，味道有點酸有點苦，應該是得了『時氣之症』。得了這種病，很快就會好，請大王不必擔心。」

夫差聽了不禁大受感動，認爲勾踐比自己的兒子還孝順，而且他卑賤到這種程度，必定不會有反叛之心，不久便釋放勾踐回到越國。

回到越國後，勾踐臥薪嚐膽，禮賢下士，招兵買馬，經過十年生聚教訓後，終於報仇雪恥，一舉滅了吳國。

你必須具備的應對智慧

俄國作家赫爾岑說：「人生只有在鬥爭中才有價值，只有受過痛苦，才能領悟人生的價值。」

人如果時常被別人欺負、糟蹋，總會覺得心有不甘而想要報復，這是極爲正常的心理反應。

正因爲心裡存著報復的念頭，人才能激發出奮鬥的動力和目標。一旦受到別人的欺壓、凌辱，而心中卻沒有一絲報復的念頭，將會成爲自卑感的俘虜，不但影響心理的健康，一輩子也只能不斷地向更底層沈淪，永遠也見不到人生的光明遠景。

狡猾虛僞、欺詐殘忍、言行不一是人性的重要特徵，因此，如果你不想繼續受傷害，就必須逼迫自己成爲強者，讓人不敢輕侮。

勾踐臥薪嚐膽的故事提醒我們，當我們處於弱勢的時候，一定咬緊牙關儘量忍耐，等到自己的實力壯大到可以打敗敵人的時候，一定要以其人之道還治其人之身，並且要想盡辦法徹底殲滅他們，絕對不可以手下留情，這是成功的最基本原則。

用機智化解自己的尷尬

要過著愉快的生活，就必須讓自己的臉皮厚一點，鼓起勇氣面對現實，有時不妨對別人的嘲弄還以顏色。

烏納穆諾在《生命的悲劇意識》中說：「一個人或一個民族，所能達到的最高程度的英勇氣概，就是知道如何面對嘲諷。」

倘使你遇到類似以下故事中的狀況，被人當眾揶揄嘲弄，但是又不能當場發作的時候，應該怎麼辦呢？

也許，你只能效法三國名人諸葛恪的行事方法，設法用機智來化解尷尬，用幽默來鍛鍊自己的臉皮，然後想盡辦法順手牽羊，讓對方因爲逞口舌之快而損失一些利益。

人性本來就很詐

諸葛恪是三國時代東吳名臣諸葛瑾的長子，從小就有神童的美譽。

諸葛瑾，字子瑜，是諸葛亮的大哥，由於他的臉長得很長，經常成爲別人取笑、調侃的話題。

有一次，孫權宴請東吳群臣同樂的時候，又想開諸葛瑾的玩笑，於是叫人牽來一頭驢子。

驢子牽來之後，孫權笑嘻嘻地拿起毛筆，在驢子的臉上寫上「諸葛子瑜」四個字，在場的衆位大臣見到孫權藉驢子揶揄諸葛瑾的臉長得很長，不禁哈哈大笑。

當天，諸葛恪恰巧隨諸葛瑾前去赴宴，見到孫權和衆大臣笑聲不斷，自己的父親卻尷尬得無地自容，立即趨前向孫權跪拜說：「請大王把筆借我一用，讓我添上兩個字。」

孫權想看看號稱神童的諸葛恪要耍什麼花樣，於是便欣然同意，把手中的毛筆遞給了他。

諸葛恪接過毛筆，走到驢子面前，不急不徐地在「諸葛子瑜」下面，添上了「之驢」兩個字。

群臣見狀，又是一場哄笑，紛紛誇讚諸葛恪聰明機智。孫權見狀也樂不可支，於是笑著對諸葛恪說道：「既然是諸葛子瑜之驢，那就讓你爹牽回家去吧！」

就這樣，諸葛恪不僅爲父親打了圓場，化解了尷尬的局面，而且還順手得到了一頭驢。

你必須具備的應對智慧

要過著愉快的生活，就必須讓自己的臉皮厚一點，鼓起勇氣面對現實，有時不妨對別人的嘲弄還以顏色。

但是，究竟要到達什麼程度，才能算是厚臉皮呢？大概就是達到所謂「顛撲不破」的程度吧！

也許，你會覺得自己臉皮太薄，其實這完全是性格和想法的問題，只要稍加鍛鍊，就可以輕鬆改造自己，甚至達到「八風吹不動」的最高境界，完全無視別人的揶揄、嘲諷。

衆所周知，德國「鐵血宰相」俾斯麥具有很強韌的性格以及不屈不撓的精神，但是，很少人知道，少年時代的俾斯麥，其實是個意志非常薄弱的紈褲子弟，簡直就經不起絲毫考驗。

後來，他爲什麼能夠成功地改變自己的軟弱性格，成爲統一德意帝國的風雲人物呢？俾斯麥以自己的經驗強調說：「人只要能改變習慣性的思考模式，就能改變自己的性格。」

少年時代的他性格懦弱，就是由於他本身的習慣性思考過於懦弱所致，長大後他具有異於常人的強韌性格，主要是因爲他改變了自己習慣性的思考方法。俾斯麥的例子，證明人的性格是可以改變的，只要你能改變自己的性格，就能優游自在地過自己的人生。

幻想就能創造奇蹟

俄國作家謝得林說：「要在自己的心中培養對未來的理想，因為理想是一種特殊的陽光，沒有陽光賦予生命的作用，地球會變成石頭。」

古諺有云：「吾心信其可成，則無堅不摧。吾心信其不可成，則反掌折枝之易亦不成。」

只要你心中認爲事情可以成功，那麼，就會以積極的態度面對，計劃實行起來一定得心應手。

相對的，如果猶豫畏縮、意志不堅，認爲無法突破層層難關，那麼事情就可能眞的無法成功了。

孔融當北海國宰相的時候，得知太史慈爲了躲避戰禍帶著母親到了遼東，曾經幾次前去探望，令太史慈感到相當窩心。

後來，太史慈聽說孔融被黃巾賊包圍的消息後，立即從城門缺口處進入北海城中拜見孔融。

孔融請太史慈前去向劉備求救，但是，此時黃巾賊的包圍圈已經十分嚴密，難以突圍出城。

太史慈想了又想，終於心生一計，隨即率領兩名騎士攜帶箭囊，手持弓箭，騎馬出城。由於兩名騎士每人各帶著一百個箭靶，讓民衆大爲驚訝，不知他葫蘆裡賣什麼藥。

太史慈逕自馳至城下的堤塹之內，命令兩名隨從插上箭靶，然後援弓勁射，箭射完之後隨即返回城內。

第二天，太史慈又帶兩名隨從到堤塹之內射箭。這樣一連進行了許多天，圍城的黃巾賊對於他的舉動已習以爲常，不再費心防備，或坐或臥，甚至還有人倒地而睡。

又過了幾天，太史慈整理好行裝，草草進食以後，跨上坐騎，又馳至城下堤塹之內，突然快馬加鞭，衝出重圍。

等到圍城的黃巾賊發覺以後，太史慈已經奔馳了數里路程，最後他終於向劉備請來援兵，解除了孔融的圍城危機。

你必須具備的應對智慧

事在人爲，只要你具備智慧和勇氣，那麼不論什麼難事都難不倒你；只要你對自己充滿信心，那麼不論任務多艱鉅，你都可以積極完成；如果你懂得審時度勢，那麼再慓悍的敵人也困不住你。

有些心理學家認爲，意志的強弱，其實取決於自我的暗示，因爲大部分意志薄弱的人，往往都是由於心中存有「自己意志薄弱」的觀念，最後終於成爲一個意志不堅強的人。

俄國作家謝得林曾經勉勵意志不堅的人設法改造自己，他說：「要在自己的心中培養對未來的理想，因為理想是一種特殊的陽光，沒有陽光賦予生命的作用，地球會變成石頭。」

只要信心堅強，就會對自己的未來充滿希望，有了希望就能夠找出突圍的方法創造奇蹟，就像太史慈一樣，儘管在黃巾賊嚴密包圍之下，仍然堅定地認爲自己能衝出重圍，最後終於化解危機。

以無所謂的心情面對失敗

松下幸之助曾說過：「即使在經濟不景氣的時候，優秀的商人仍可利用此機會做為發展事業的基礎。」

社會上有些外表衣冠楚楚的人，有時候會出乎我們意料之外的卑鄙，專門背地裡扯人後腿，或是做一些損人利己的勾當，讓別人面臨大大小小的危機，「防人之心不可無」這句話說得一點也不假。

然而，縱使沒有這些像蒼蠅一般揮之不去的小人，危機也同樣會降臨在每個人身上。

不過，危機和機會有時是息息相關的一體兩面，全看你用什麼心態去面對，例如，一家公司的危機，說不定正是擴張業務的最佳機會。因爲，人往往在危險臨頭的時候，才能發揮驚人的爆發力，甚至因此出人頭地。

人性本來就很詐

日本經營之神松下幸之助曾說過：「即使在經濟不景氣的時候，優秀的商人仍可利用此機會做為發展事業的基礎。」

昭和初期適逢全球性經濟恐慌，日本濱口內閣採取緊縮政策來抑制情況惡化，沒想到反而弄巧成拙，造成物價跌落，工廠產品緊縮，破產的公司不計其數，整個日本商業界都籠罩在經濟不景氣的陰影中搖搖欲墜。

松下電器公司自然也受到不景氣的影響，商品銷路銳減，堆積在倉庫中的貨品一天比一天多，公司高級職員提議以裁減員工、減少產量來緩和危局，但是松下幸之助並沒有進行裁員，僅是減低工廠的生產量，然後再盡全力將倉庫中的存貨銷售出去，以求渡過難關。

半年後，松下公司銷完了所有的存貨，並恢復全天制作業，再度進入全力生產的鼎盛時期。藉著不景氣，松下幸之助反而擴展了他的事業！

你必須具備的應對智慧

人生不可能總是一帆風順，每個人都可能陷入低潮或遭遇失敗，只有遇到逆境之時仍然能保持信心的人，才是眞正具備成功特質的人。

成功的關鍵，永遠掌握在自己手中，只有用樂觀積極態度戰勝負面想法的人，才可能找到開啓入成功大門的鑰匙。

命運的轉變往往是瞬間的事，失敗很可能就是成功的契機，假如一個人不會因爲工作做不好或是遭到失敗而充滿挫折感，膽量自然會越變越大；遭遇困難的時候不再畏縮，成功率也就會相對地提高。

事實上，人假如能不在乎成敗，就會很沈著地勇往直前；以無所謂的心情做事，失敗的機會反而會減少。

PART **4.**

即使虛情假意，也要做得徹底

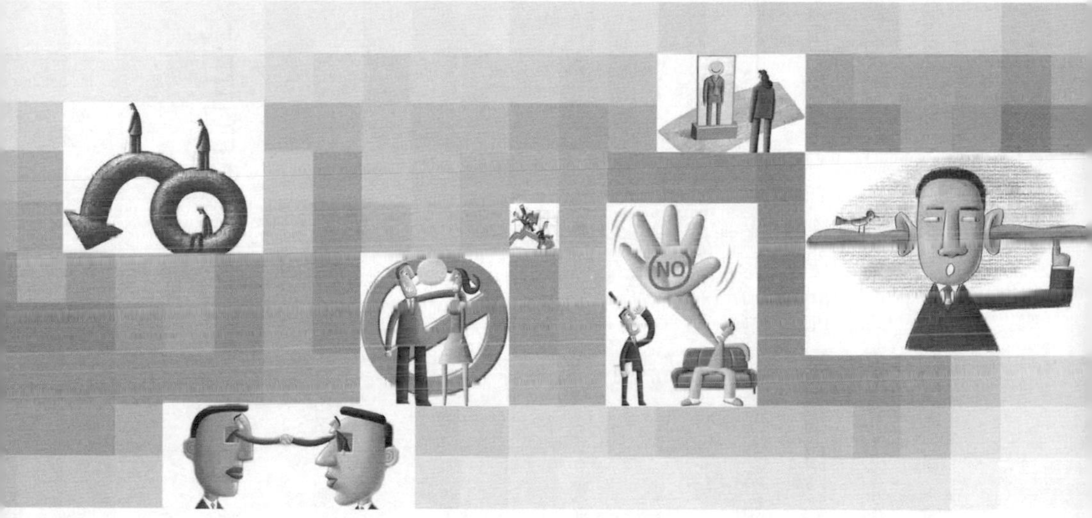

凡事只要看開了，做事的態度自然會變得從容而冷靜，膽量會變大，臉皮會變厚，搞不好虛情假意的事情也做得出來。

你敢不敢犧牲自己最寶貴的東西？

人處於弱勢的時候，為了達成某種慾望，往往會百般忍耐，並且在忍耐的過程中不惜犧牲自己的一些利益。

日本圍棋界名人阪田榮男說：「下棋時，因為急著要贏，結果反而輸了的情況相當多。」

不僅圍棋如此，商場競爭和其他比賽都是如此，倘使急著要以快速的方法來打敗別人，有時候自己會不小心露出破綻，反而很難獲得勝利。

在激烈而險惡的人生競賽中，我們應該明確知道自己想要的是什麼，然後，儘量保持沉穩冷靜，縱使必須犧牲一些眼前的利益，也必須斷然割捨。如果你一直表現得氣定神閒，對手就會開始感到迷惑，甚至心慌意亂，讓你有機可趁，這個機會或許就是扭轉大局、反敗爲勝的關鍵。

通往成功的道路並不是沒有捷徑存在，只是這個捷徑往往會讓你付出若干代價，就看你付不付得起，願不願意付！

不勇於割捨，當然難有所得，這無疑是人生最沉痛的抉擇。如果你覺得很難取捨，不妨瞧瞧武則天的手段。

人性本來就很詐

武則天十四歲的時候，由唐太宗遴選入宮中，冊封爲才人。唐太宗死後，她被迫削髮爲尼，後來，唐高宗偶然在寺中見到了她，被她的美貌吸引，於是又設法讓她還俗，召入宮中封爲昭儀。

武則天進宮之後，深受唐高宗寵幸，不久生下了一個女嬰。但是，她知道自己想要攀上權力的頂峰，必須先剷除橫阻在眼前的最大障礙，那就是唐高宗的元配王皇后。

她爲了滿足本身的權力慾望，一方面百般諂媚唐高宗，一方面又曲意奉承王皇后，但私底下卻處心積慮地想扳倒王皇后，收買宮女、太監暗中監控王皇后的一舉一動。

等到時機成熟後，武則天更設計出一條毒計誣陷王皇后。

唐高宗和王皇后都很喜歡武則天所生的小女嬰，常常前來探望。

有一天，武則天得知王皇后又要來看孩子，爲了製造不在場證明，便藉故外出，王皇后獨自一人逗弄孩子一會兒就擺駕離開了。誰知皇后前腳一走，武則天馬上偷偷溜回寢宮，狠心地將自己的親生女兒掐死，然後再用被子蓋上，佈置成孩子正在睡覺的模樣。

隨後，武則天刻意裝出一副嫵媚的樣子邀唐高宗前來探視女嬰。當她掀起被子，立即裝模作樣地失聲尖叫，嚎啕痛哭起來。

唐高宗趨前一看，襁褓中的小公主臉色泛青，手腳已經冰涼，不禁勃然大怒，把太監、宮女統統叫來，詢問剛才有誰來過武昭儀的寢宮。大家一口咬定只有皇后來看過孩子，武則天趁機擺出悲痛欲絕的模樣，哭哭啼啼地把平時蒐集到的皇后不當言行，加油添醋地在唐高宗面前泣訴。

唐高宗聽了更加震怒，連忙叫宮女去傳皇后前來。

王皇后到了之後，見到女嬰死狀悽慘，心中又驚又怕，卻又百口難辯。唐高宗盛怒之下，下令廢了王皇后，立武則天爲后，從此，武則天達到了她獨攬權的政治陰謀。

你必須具備的應對智慧

莎士比亞在《奧賽羅》中寫道：「要是你表面的行為會洩露你內心的活動，那麼，不久你就得掏出心來，讓烏鴉們亂啄。」

歷史上層出不窮的苦肉計之所以能輕易奏效，是因爲它往往違反人們根深柢固的觀念或價值判斷，受騙上當的人萬萬料想不到，竟然會有人爲了達到某種目的，不惜戕害自己或最親愛的人。

譬如，武則天爲了本身的權力慾望，不就利用人們「虎毒不食子」的觀念，招死了自己的親生女兒，然後把罪名栽在王皇后身上，奪下了皇后寶位？誰料想得到她竟然會這麼心狠手辣呢？

又譬如，開創德川幕府的日本戰國英雄德川家康，為了取得織田信長的信賴，竟不惜殺害自己的妻子，誰料想得到他會這麼絕情絕義呢？

其實，人處於弱勢的時候，為了達成某種慾望或獲得更龐大的利益，往往會百般忍耐，並且在隱忍的過程中不惜犧牲自己的一些利益，只是不像武則天和德川家康做得這麼狠毒、絕情罷了。

只要不貪功躁進，不被看破手腳，苦肉計最後通常都能成功。

如何瓦解敵人的心防？

面臨到輸贏的關鍵，更應該步步為營，千萬不要急著想要快速贏得勝利，而必須以冷靜審慎的態度堅持到底。

有位哲人曾說：「誰要是未雨綢繆，誰就一定吉星高照；誰要是只看到眼前的表象，誰的情況一定不妙。」

不論是在武術、圍棋、象棋，或是人生中的各種競賽，都必須懂得未雨綢繆，推演對手可能使出的招數。

千萬不要被眼前的表象迷惑，否則結局就會像以下故事中的曹爽一樣，連翻身的機會都沒有。

魏明帝曹叡死後，少帝曹芳即位，大將曹爽把持朝政，行事專制獨斷。司馬懿暗中計劃要將這個眼中釘除掉，但又擔心事情洩漏反遭殺害，於是便假裝自己舊病復發，情況非常嚴重，試圖瓦解曹爽的戒心。

由於司馬懿先前曾經裝病蒙騙曹操，曹爽懷疑司馬懿又故計重施，企圖裝病欺騙自己，於是便派李勝前去觀察一番。

李勝到司馬家拜會的時候，司馬懿故意讓兩個婢女在跟前侍候自己，當婢女拿起外衣要讓他穿上時，他卻裝出一副癡呆的模樣，用手指著嘴巴，直嚷著自己口渴。婢女於是端來一碗米粥餵他，司馬懿吃著吃著，米粥竟從嘴巴兩邊一直流到胸襟上。

李勝見狀，輕蔑地說道：「外面盛傳仲達公的舊病復發，想不到竟然嚴重到如此程度。我要前去荊州赴任，特地前來辭別。」

司馬懿巍巍顫顫地舉手示意，故意把荊州說成并州，並口齒含糊地說：「你要前去并州赴任啊，并州接近胡人，你自己可要當心一點，我的生命危在旦夕，恐怕有生之年不能再相見了。我的兩個兒子司馬師和司馬昭，以後還請你多多關照。」

李勝不悅地說：「我去任職的地方是荊州，不是并州。」

司馬懿聽了，故意露出不好意思的表情說：「唉，我年紀大了，耳聾氣虛，聽不清你說的話了。」

經過一番觀察，李勝回去後對曹爽說：「司馬仲達形神已離，只是比死人多了口氣，不足爲慮。」

生性高傲的曹爽聽了這番話，便放心地將目標轉移到其他人身上，不再防備司馬懿。然而，不久之後，司馬懿突然率領部眾發動襲擊，殺得曹爽措手不及，被砍下首級。

法國思想家拉布呂耶爾曾經寫道：「如果一個人在別人眼裡，不顯得過於聰明，他就已經相當狡滑了。」

的確，沒有比外表老實、內心奸詐的人更危險，因爲，這些人專門扮豬吃老虎，所作所爲都是爲了瓦解對方的心防，然後一舉將對方擊潰。

司馬懿可說是這類人物的典型，連曹操這樣的厚黑專家都被他耍得團團轉，曹爽死得一點也不冤枉。

凡是面臨到輸贏的關鍵，更應該步步爲營，千萬不要急著想要快速贏得勝利，而必須以冷靜審慎的態度堅持到底，有時不妨像司馬懿一樣，故意表現出笨拙的模樣，使對方疏於防範，然後再一舉將他打敗。

即使自己的實力比對方高出許多，也必須步步爲營，不要一直露出勝券在握的高傲模樣，否則將會激起對方的頑強抵抗，使自己花費更多不必要力氣，這就是贏得勝利的秘訣。

小心，有人要借你的人頭

一味唯唯諾諾依照別人指令行事的人，表面看起來似乎很安全，但事實卻不然，有時連自己的人頭被借了都還不自知。

建立蘇聯政權的革命家列寧曾說：「我們不相信有永恆不變的道德，並且要揭穿一切有關道德的騙人的鬼話。」

人的心理和行動，就像是一座冰山，我們所看到露出水面的一小部分，是由水底的一大部分支撐著。

我們很難洞察別人的心裡究竟打著什麼如意算盤，因此，當別人提供某些建議的時候必須深思熟慮，才決定採納與否。

曹操率領十七萬大軍攻打李豐，每日耗費糧食浩大，曹操想要速戰速決，無奈李豐卻緊閉城門，任憑曹軍如何叫罵，就是不出城應戰。曹操不得已，只得寫信向孫策商借糧米十萬斛應急。

曹軍包圍李豐一個多月後，眼看糧食將要用完，孫策的十萬斛借糧又在途中尚未運到，管理糧倉的倉官王垕急急忙忙前往稟報曹操說：「如今兵多糧少，應當怎麼辦？」

曹操沉吟了一下，回答說：「當今之計，也只有用小斛分發軍糧，暫時應付燃眉之急吧！」

王垕憂慮地說：「萬一兵士們埋怨起來，應該如何是好？」

曹操笑著說：「沒關係，照我的吩咐去做，到時候我自有對策。」

隨即，王垕便依照曹操的命令，以小斛分發軍糧。

不久之後，曹操暗中派人到各軍營去打聽風聲，得知士兵們怨聲載道，交相指責丞相欺騙大家。

曹操於是密召王垕前來營帳，對他說：「事到如今，我想借你身上的一樣東西來平息眾怒，你可不要吝惜才好。」

王垕狐疑地問道：「丞相想借什麼東西呢？」

曹操笑嘻嘻地說：「我想借你的人頭！」

王垕聽了大驚失色，連忙哀求說：「丞相，我一切都是照你的交代去做，並沒有犯錯啊！」

曹操歎口氣說：「唉，我也知道你沒罪，但是，如果我不殺掉你，軍心就難以穩定。你死了之後，你的妻子兒女我會妥善代爲照顧，你就不必擔心掛慮了，安心上路吧！」

王垕還想再申辯，曹操卻已翻臉不認人，轉身傳喚刀斧手：「把王垕推出帳外一刀斬了！」

然後，曹操把王垕的人頭懸掛在高竿上面，並貼出告示說：「王垕故意用小斛分發糧米，從中盜竊官糧，按照軍法斬首示衆。」

衆士兵見狀，都認爲糧米的問題原來是王垕搞的鬼，丞相當機立斷將他斬首，眞是明察秋毫，怒怨開始緩解。不久，孫策派人運來十萬斛糧米，終於解決了曹操的缺糧危機。

你必須具備的應對智慧

人性作家奧斯圖達拉曾說：「人的本性就是狡猾、虛偽和言行不一。」

我們不難發現，所謂的成功人士，通常不只有能力、肯努力，面對讓自己難堪的處境，也能厚著臉皮保持鎮靜。到了緊要關頭，他們也會找人頭當墊背，不惜犧牲部屬照亮自己的前途。

懂得耍奸弄詐的曹操，無疑就是箇中高手。

其實，曹操爲了應付缺糧問題，一開始就打定主意要讓王垕成爲代罪羔羊，所以才故意教他用小斛分發糧米激起衆怨，然後再陰險地借用他的人頭來平息衆怒。

像曹操這種狡詐的人，處理事情之前，早就將後續發展推演得非常周密，但是，王垕無法了解到他隱藏在內心的眞正用意，才會淪爲曹操排除衆怒的犧牲品。

這個「借人頭」的典故告誡我們，一味唯唯諾諾依照別人指令行事的人，表面看起來似乎很安全，不用多費腦筋，但事實卻不然，有時連自己的人頭被借了都還不自知。

因此，人絕對不要一味唯唯諾諾聽從別人的意見，必須建立自己的行事準則和價値判斷，自己掌控局面，如此才能自由自在地發揮自己的個性，也才能爲自己開創一條康莊大道。

我行我素，是成功的要素

加拿大作家班廷說：「人生最大的快樂是，不在於別人認為你是什麼，而是你認為自己是什麼。」

「批評」，其實往往是空洞、抽象而不牢靠的，它就像震耳的雷電，只是短短一閃，也像眩目的煙火，炸開之後隨即消逝；更重要的是，批評會見風轉舵，隨著你的成就而改變。

因此，你必須設法讓批評來適應自己，而不是委屈自己去適應批評；如果你被批評的羅網困住而終日悶悶不樂，如何能出人頭地呢？又如何能做出一番大事業呢？

日本著名的商人大倉喜八郎，早年是個遠近馳名的大奸商，趁著明治維新那段混亂時期，販賣軍火而賺了不少錢。

在中日甲午戰爭以及日俄戰爭爆發之時，大倉喜八郎承包了多項日本政府的軍用物資生意，從中牟得相當龐大的利潤，但是，當時他所經手的生意卻幾乎毫無信用可言。

尤其在日俄戰爭時，他所販售的牛肉罐頭，裡面竟然摻加許多沙子，至於軍鞋的鞋底，更是隨隨便便用膠水黏合而成，鞋子一碰到水，鞋底就會立刻脫落，使得士兵們苦不堪言，破口大罵。

但是，大倉喜八郎對這些批評充耳不聞，獲得龐大的政經勢力奧援，奠立穩固的基礎之後，就投注大量金錢於文化事業和社會公益事業上，以致於一般人對他的惡劣觀感逐漸好轉。

加拿大作家班廷說：「人生最大的快樂是，不在於別人認為你是什麼，而是你認為自己是什麼。」

不要太過憂慮別人的批評和看法，只要朝著自己認爲最好、最正確的目標向前邁進就行了；能夠達到這種「擇善固執，我行我素」的境地，人生的遠景才會更加開闊。

不論遭遇任何不愉快的事，都儘管抱著輕鬆的態度。

我行我素才是成功的要素，想要過著輕鬆自在的生活，最重要的原則就是，根本不要理會別人的看法和批評，將全部的精神集中在自己的目標，如此一來，你的人生才會更加充實美滿。

信念就是一種神奇的魔力

丹・卡斯特曾經說過：「人類往往執意於本身所相信的事，而將思考的種子根植於想像的泥土上；你會變成什麼樣的人，端視你所栽植的種子而定。」

美國著名的心理學家威廉・詹姆斯曾經說過：「要使懷疑的事情步入成功大道，唯一的途徑就是信心。」

對於不相信神力的人來說，符咒只不過是一張普通的紙，然而對相信的人而言，即使是一張白紙，也能發揮趨吉驅邪的功效。

信念本身就是一種異常神奇的魔力，如果你對自己充滿了信心，就能產生創造性的力量。

因此，一個人最好不要老是想著「自己不行了」或是「我沒有辦法」，若是你有這種負面的念頭，那麼久而久之，你便會成爲自己想像中的懦弱模樣。

人性本來就很詐

美國職棒大聯盟中，有一支球隊的球運相當背，在二十場比賽中連續輸了十七場；連敗的魔咒，使得投手投球的威力銳減，球員們的打擊力變得奇差無比，而且失誤連連。

最糟糕的是，每位選手都不懂得自我反省，總是將輸球的責任歸咎於其他隊友，選手們對於比賽越來越沒信心，一開賽就認爲自己必輸無疑，心裡憧憬的不是勝利的畫面，而是不要輸得太難看。

舒萊特是一位很有聲望的牧師，常常透過禱告祝福恢復別人的自信，民眾聽完他佈道後，大都能重燃信心。有一天，該隊總教練爲了重振球隊雄風，裝模作樣地向選手們借了兩支球棒，然後對他們說：「我現在要出去找舒萊特牧師，請你們留在宿舍等我的好消息。」

過了一小時之後，總教練在外頭晃了一圈回來了，然後煞有其事地告訴球員們說：「舒萊特牧師已經對著這兩支球棒，祝福了我們的球隊，讓我們擁有不輸的神力！」

選手們聽了這個「好消息」都相當興奮。第二天出賽，這支球隊變得銳不可當，不但擊敗了強勁的對手，而且火力全開，總共擊出三十七個安打，得了二十七分。

從此以後，他們每次出場比賽，士氣都非常旺盛，排名也從最後躍居爲第一名。

你必須具備的應對智慧

信心能夠使人產生積極求勝的力量，創造出一些意想不到的奇蹟。

人如果對自己充滿信心，就會爆發驚人的能量，就像這支已經十七連敗的球隊，突然之間脫胎換骨一般。

這位總教練的巧妙演出，使得選手們原先患得患失的心理完全改觀，進而產生了豐沛的力量，所以終能獲得成功。

「舒萊特牧師祝福過」的球棒本身並無變化，但是選手們相信上面蘊含著神秘的力量，心中因而起了具體的變化。

丹·卡斯特曾經說過：「人類往往執意於本身相信的事，而將思考的種子根植於想像的泥土上；種瓜得瓜，種豆得豆，你會變成什麼樣的人，端視你所栽植的種子而定。」

所以，你需要什麼，就儘管將自己的想法種植在潛意識裡，若是你想要遠離失敗、挫折和貧窮，就不要在腦海中散播這類種子，必須經常播下成功、健康和富裕的念頭！

如果你經常想像一些肯定而具有建設性的事情，並且繼續保持積極的信念，那麼，你很快就會變成一個堅定而充滿自信的人。

不要當搞不清楚狀況的菜鳥

希臘哲聖蘇格拉底曾說：「一個人能否有所成就，只看他是否具備自尊心與自信心這兩個條件。」

法國文豪雨果在《悲慘世界》曾經有感而發地寫道：「有許多人踏在堅實的地面上，卻還兩腳發抖，如果自己的心是平靜的，目的是正當的，即使走在搖撼不定的土地上，也應當是步伐堅定的。」

確實如此，人生最重要的事是讓自己的心境平靜。

如果我們積極鍛鍊自己的心智，時時保持冷靜而沉穩的態度面對棘手的事情與難纏的人物，就能快速洞悉隱藏在表象之下的眞實面貌。

明瞭對手與事情的本質之後，當我們進行交涉或談判的時候，就不會因爲對方故意施展的伎倆而受騙上當，也不會因爲對方的無禮舉動而被激怒，失去冷靜客觀的判斷能力。

人性本來就很詐

美國石油大王洛克斐勒的兒子小洛克斐勒，剛剛踏入商場的時候，就展現出他不同凡響的商業才華。

當時，他的第一樁任務是，前去與銀行家摩根商談出售某座油田事宜。

當他踏入摩根的辦公室，摩根露出一副鄙夷的神情，認爲他只不過是毫無商場經驗的菜鳥，故意表現出自己很忙碌的樣子，連正眼都不瞧他一眼，足足讓他枯坐了一個小時。

小洛克斐勒知道這是摩根慣用的殺價伎倆，絲毫不以爲意地悠閒坐著。

一個小時後，摩根終於抬起頭面向他，高傲地說：「聽說，你父親有一塊油田準備出售，打算賣多少？」

小洛克斐勒微微一笑，回答說：「我想，大概是您弄錯了，就我所知，是您想買這塊土地，而不是我們想賣出。」

說完，小洛克斐勒不再多說廢話，逕自推門走了出去。

摩根知道這招唬不過小洛克斐勒，最後終於依照小洛克斐勒開出的價碼，買下這塊油田，價格比老洛克斐勒預估的多出了三分之一。

你必須具備的應對智慧

希臘哲聖蘇格拉底曾說：「一個人能否有所成就，只看他是否具備自尊心與自信心這兩個條件。」

小洛克斐勒面對老狐狸摩根所展現的以靜制動，是一種高段的勝利策略，因爲日常生活中，我們不可能事事爭第一，處處佔上風，因此，更多的時候，我們要面帶善意靜候對方出招，才能從容地見招拆招，千萬不要稍有不順就心浮氣躁，自亂陣腳。

一味地板著臉孔，費盡心思去提防周遭的小人，只會把自己搞得緊張兮兮，徒然折損自己的生命。

如果，我們無可避免地必須面對身邊的小人，那麼，細心地去洞察對方的眞實意圖，然後把主控權操在自己手中，豈不是更好嗎？

學學小洛克斐勒的智慧吧！硬碰硬的應對方式，表面上看來，是爲自己出了一口怨氣，但實際上，卻容易讓自己陷入小人精心設計的迷宮中，以致於無法冷靜面對事情的演變。

即使虛情假意，也要做得徹底

凡事只要看開了，做事的態度自然會變得從容而冷靜，膽量會變大，臉皮會變厚，搞不好虛情假意的事情也做得出來。

我們常聽到有人說：「因爲我很容易臉紅，所以怕到人多的地方去。」因爲容易害羞臉紅而煩惱不已的人，其實以青春期的年輕男女居多，人一旦到了老年，閱歷豐富了，就很少會因難爲情而大傷腦筋！

爲什麼呢？這是因爲大部分的老年人，臉皮經過幾十年的磨練，已經變得厚如城牆，根本不會擔心自己出糗或是做錯事情被人責備。在他們眼中，這些根本沒有什麼大不了的，因此絕不會感到難爲情。

戰國時期著名的軍事家吳起，以愛惜士卒、肯與士卒共患難聞名。

有一次，魏文侯命令吳起統率大軍討伐秦國，吳起與士兵一起背著糧袋徒步而行，將戰馬讓給身體疲弱的士卒騎。吃飯的時候，吳起與士兵們圍坐在一起，大碗喝湯、大碗吃飯，有說有笑；睡覺的時候，吳起也與士兵們睡在一起，絲毫沒有大將軍的架子。

有一名士兵背上腫脹，生了一個斗大的毒瘡，吳起知道後，就親自用嘴將這名士兵毒瘡中的濃汁吸出來，士兵的病情終於好轉。

誰知，這名士兵的母親聞訊後，竟然放聲大哭。

鄰居大惑不解，問她說：「吳將軍爲妳兒子吸出毒汁，治好了膿瘡，妳應該高興才對，爲什麼卻痛哭失聲呢？」

這位母親回答道：「你們有所不知啊，這件事讓我想起了我的丈夫。我丈夫以前在吳將軍手下當兵，曾經長了背疽，也是吳將軍爲他吸出毒汁治好病的。我丈夫感激吳將軍之餘，打起仗來總是奮不顧身，最後戰死在沙場。我兒子一定也會對吳將軍心存感恩，恐怕性命也不會長久了。」

說完，士兵的母親又大哭了起來。

吳起率領魏軍和秦軍交戰後，連戰連勝、所向無敵，秦軍一退再退，接連被吳起攻佔了五座城池。這個背上長毒瘡的士兵，最後也如同他母親所料，因爲奮勇殺敵而步上他父親的後塵，戰死沙場。

你必須具備的應對智慧

莎士比亞曾說：「任何惡德的外表，也都附有若干美德的標誌。」

吳起這老兄可說是戰國時代數一數二的厚黑名人，由於擔心白白浪費時間，延誤自己出人頭地的契機，他勇於抗拒儒家的繁文縟節，寧可被逐出儒門，也不願爲母親守孝三年。後來，有人更指稱他爲了當上魯國的上將軍，而不惜殺害自己的妻子。

投效魏文侯獲得重用後，吳起平時表現出一副愛惜士卒的模樣，使得士卒甘願爲他拼死作戰，眞可謂「一將功成萬骨枯」。

他連替士兵吸膿瘡這種事都視同家常便飯，臉皮猶如犀牛皮一般厚硬，厚黑功力已經到了顛撲不破的境界，難怪會有人要替他賣命，用屍骨替他鋪設通往成功之路。

經常在大庭廣眾面前害羞、扭捏而感到苦惱的人，最好能學習老年人的豁達，凡事只要看開了，做事的態度自然會變得從容而冷靜，不知不覺中膽量會變大，臉皮會變厚，就不再有臉紅的毛病了，搞不好連吳起這樣虛情假意的事情也做得出來。

為了達成目的，不妨拍拍馬屁

先表現得以對方利益為重，實際上自己才是真正得利者，這需要相當高明的技巧；處理得好，是聰明人，要是處理得不好，可就會變成愚人了。

好惡的影響力是非常強大，我們對於自己喜愛的人、崇拜的人、尊敬的人所提出的要求，必定特別難以抗拒；反之，對於我們討厭的人、憎恨的人、鄙視的人、反對的人，態度則會特別嚴苛。

從這個論點我們就能充分了解到，爲什麼我們總是無法拒絕那些讓自己看起來比較順眼的推銷員，也會忍不住拿糖果輕哄連哭鬧都看起來很可愛的小孩。

討好，是爲了達到某種目的，讓步則是爲了側過身再繼續前進。所以，當我們有求於人的時候，我們就會想辦法討好與讓步，以期讓對方對我們產生好感，進而答應我們的要求。這就是人性，誰也難以規避。

唐代著名的文學家韓愈三十五歲到京城，擔任國子監博士（中央最高教育機構的教師），後來又被提升爲刑部侍郎（中央司法部門的副長官）。

當時佛教相當盛行，上至皇帝唐憲宗，下到平民百姓，幾乎人人都崇尚佛教。唐憲宗相當迷信，有一次聽說有座寺院裡安放著一塊佛祖釋迦牟尼的遺骨，便準備興師動衆，將之迎進宮裡頂禮謨拜。

自詡才識過人的韓愈覺得此舉非常不妥，於是寫了一篇《諫迎佛骨表》的疏文加以反對。其中提到，自從佛教傳入中國後，帝王在位時間都不長，特別是想拜佛求保佑的帝王，結局必然是悲慘的。

唐憲宗看了這篇疏表，當然十分惱怒，以爲韓愈不只是故意與自己作對，而且援用歷史來影射自己活不長命，憤而即刻要將韓愈處死。幸虧宰相爲韓愈說情，他才逃過一劫，改爲貶職，外放到潮州擔任刺史。

遭貶至潮州的韓愈，爲了要重回長安政治中心，於是再次向憲宗上了《潮州刺史謝上表》，爲憲宗勇於革除時弊的措施極力歌功頌德，期望能重新得到憲宗的信任，早日返回到朝廷。

在這篇疏表中，韓愈極盡恭維之能事，稱憲宗是扭轉乾坤的中興之主，並且建議憲宗到泰山去「封禪」。

韓愈還在這篇疏表中隱約地表示，希望憲宗也讓他參加封禪的盛會，並說如果他不能參加這個千年難逢的盛會，將會終身引以爲憾。

唐憲宗看了充滿奉承阿諛的奏表，自然龍心大悅，後來終於把他調回京都，讓他擔任吏部侍郎（掌理全國官吏升降、調動等的機構的副長官）。

即使是自詡清流的韓愈，也免不了做出逢迎拍馬的行爲，只是格調看起來高了一點罷了，本質上還是一樣的。一直以來，唱反調的人，多半沒什麼好下場，自己說得嘴破、累得要命，別人卻聽不進去、氣得要死。

韓愈排佛，屢次上書進諫，終於惹怒了唐憲宗而遭到罷黜。然而，後來他又建議憲宗安排封禪儀式，似乎前後立場有點對立。

身爲人臣，固然是希望受到君長的重用，能發揮所長，爲國家效力。韓愈諫迎佛骨，是希望君王能以身作則杜絕歪風，但不爲憲宗所接受，所以後來改爲投其所好，讓君王龍心大悅，對他印象好轉，實在此一時，彼一時也。不過，人性本來就如此，倒也無可厚非！

有一句話這麼說：「以退讓開始，以勝利告終。」先表現得以對方利益爲重，實際上自己才是眞正得利者，這需要相當高明的技巧；處理得好，是聰明人，要是處理得不好可就會變成愚人了。

想使用這個方法的人，可得小心謹愼，以不顯露自己的意圖，方爲上策。

PART 5.

口是心非，有什麼不對？

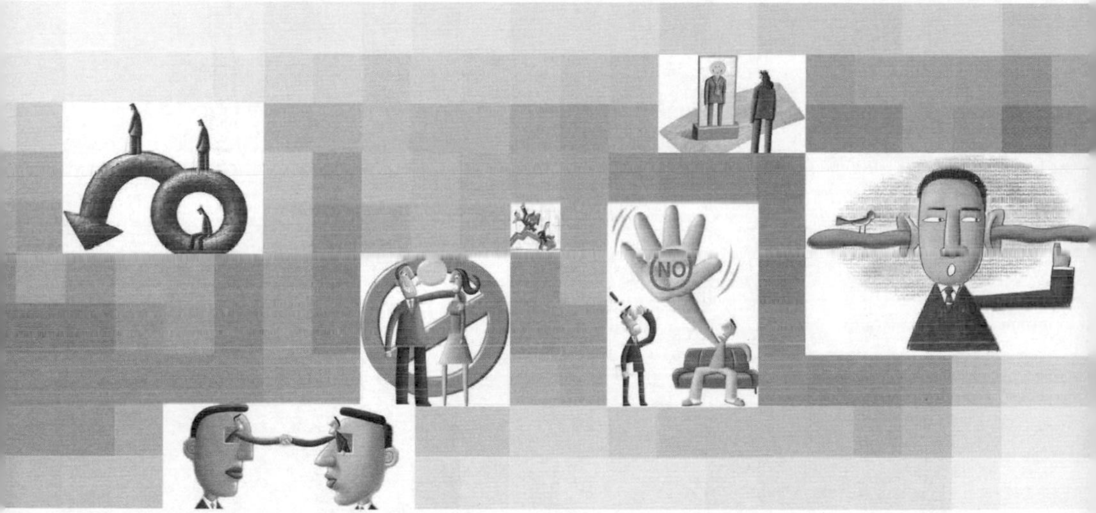

人生本來就充滿了矛盾與不可預知，況且每個人都有自私的劣根性，也會面臨一些自己無能為力的境遇，表裡不一自然在所難免！

口是心非，有什麼不對？

人生本來就充滿了矛盾與不可預知，況且每個人都有自私的劣根性，也會面臨一些自己無能為力的境遇，表裡不一自然在所難免！

法國文豪雨果在《笑面人》裡寫道：「打破一切成規，蔑視一切守則，敢做敢為敢破壞，這就是真正的生活。」

人生最大的困擾就是，爲了工作需要或社交活動，我們經常得和自己不喜歡的人打交道，並且爲了不得罪對方而言不由衷，甚至口是心非，事後又感覺自己太過虛僞。

其實，口是心非並沒什麼大不了的，因爲，絕大多數時候，我們並不是存心欺騙別人，也不是打從心裡就喜歡藉由討好別人來達成自己的目的。只不過是爲了減少一些不必要的麻煩或爭執，或者是比較快速達成洽涉，才會讓自己的嘴巴說出那些不是發自內心的話語。

此外，對於某些惡劣的小人，口是心非也是一種保護自己或解決問題的方式，如果我們的「修爲」達到下列故事主角王敬則的程度，說不定我們也會採取這樣的模式徹底剷除那些惹人厭煩的惡人呢！

人性本來就很詐

南齊名臣王敬則擔任南沙縣令時，縣內有一群盜匪趁著時局動盪混亂，聚嘯在山林之中，時常下山燒殺掠劫，致使當地百姓恐慌不已。王敬則屢次派兵前去圍捕，無奈盜賊行蹤飄忽，圍捕行動徒勞無功。

王敬則心想，這幫盜賊如此狡猾，如果不使用權謀詐術，恐怕難以將他們繩之於法。爲了徹底剿滅這群盜匪，他便派人拿著親筆信函，深入山中對盜賊首領進行招降。

王敬則在招降信中非常誠懇地表示：「如果你們願意下山自首，我定當從中說項，可以赦免你們的罪行。如果你們不相信，我可以先到廟神面前詛咒發誓，絕不食言。」

當時，南沙縣內有一座廟非常靈驗，百姓都相當信服畏懼，盜賊首領派人下山打聽，得知王敬則果眞到廟神面前詛咒發誓，認爲他很有招撫的誠意，便答應帶領手下一起到廟裡接受招撫。

王敬則隨即在廟中設宴，準備「款待」這群盜賊。

豈知，這群盜賊到來以後，王敬則二話不說，立即下令將他們全部拘捕，準備斬首示衆。

盜賊首領很氣憤地對王敬則咆哮說：「你不是在廟神面前詛咒發誓了，怎敢出爾反爾？」

王敬則笑了笑，氣定神閒地回答說：「沒錯，我的確在廟神面前詛咒發誓過，不過，當時我也告訴廟神，萬一我不得已必須違背誓約的話，就奉上十隻牛向廟神謝罪。」

王敬則說完，馬上派人宰殺十隻牛祭祀廟神，然後將這群盜匪斬首示眾，從此，南沙縣再也沒有盜匪出沒。

你必須具備的應對智慧

美國作家愛默生說：「不必告訴我你讀過什麼書，從你的言談我就可以察知。不必告訴我你和哪些人交往，從你的舉止，我就可以看出。」

口是心非，是人最重要的特點之一，尤其是政客，經常會發生言行舉止與自己的口號、訴求全然不同的狀況！

有些人發現別人言行並不一致時，心中就會認爲這些人過於污穢卑劣而心生憤慨。其實，這大可不必，因爲，人生本來就充滿了矛盾與不可預知，況且每個人都有自私的劣根性，也會面臨一些自己無能爲力的境遇，表裡不一自然在所難免！

年輕人，尤其是一些充滿道德、理想的年輕人，每每看到這種醜惡或矛盾的事，就會覺得無法接受，這又是何苦呢？與其憎惡這些人虛偽的一面，倒不如理解他們的醜惡，生活還會過得較好些。

故事中的王敬則看似口是心非、心狠手辣，但是用這種手段對付狡詐的匪徒，未嘗不是以詐止詐的好方法。這也說明了，許多言不由衷或輕諾寡信的行爲，都有不得已的理由。「你有壓力，我也有壓力」，既然每個人都有壓力，那又何必把世態看得太嚴重？

對於別人和自己的矛盾不要太過介意，一個人要活在世界上，就必須以這種態度來面對，同時也不要爲了言行一致這句話而自我束縛，想做什麼就大膽去做吧！

放鬆心情才能戰勝恐懼

美國心理學家詹姆斯說：「往往我們對一件不確定的結果所抱持的信念，才是唯一能使這個結果實現的因素。」

法國大文豪，諾貝爾文學獎得主福樓拜在談論人生時曾經這麼說過：「堅強，求助於你的意志力，而不要求助於天神。因為，天神從來不理會人們的求救呼聲。」

人本來應該很單純地活在這個世上，爲自己和喜歡的人喜悅地活著，然而，事實上，我們卻經常必須爲別人的慾望和野心所造成的禍害而活得膽戰心驚，這實在是太無奈了。

面對艱難險惡的處境，或是走到使人猶豫而難以抉擇的岔路，我們應該保持冷靜鎮定，盡一切力量去克服。

只有秉持這種積極的應對態度，才能在不完美的社會中，過著最充實的生活。

人性本來就很詐

晉朝名書法家王羲之年輕的時候，頗受大將軍王敦寵愛，經常邀他到軍營中飲酒聊天，天色太晚就讓他在營帳中睡覺。

有一天清晨，王敦起得很早，不一會兒，一個名叫錢風的人鬼鬼祟祟前來求見，二人摒去左右，秘密商議叛逆之事，一時之間竟然把王羲之正在營帳中睡覺的事忘記了。

王羲之睡醒後，無意中聽到他們正在談論謀反叛變的事，知道自己大難臨頭，如不佯裝爛醉如泥恐怕無法活命，於是便剔喉嘔吐，把自己的頭面、被褥全都弄得髒兮兮，然後又倒頭假裝熟睡。

王敦和錢風談著談著，突然想起王羲之正在營帳中睡覺，兩人都吃驚地說：「爲了避免風聲走漏，不得不殺了他。」

他們兩人揭開床帳一看，只見王羲之吐得一塌糊塗，認爲他爛醉熟睡，沒聽見造反的事，便打消殺他滅口的念頭，王羲之因此免於一死。

你必須具備的應對智慧

美國心理學家詹姆斯說：「往往我們對一件不確定的結果所抱持的信念，才是唯一能使這個結果實現的因素。」

當你像王羲之一樣，無意中聽到了不該聽的事，面臨殺身之禍時，能不能急中生智，逃過難關？

其實，每個人都有急中生智的潛能，只是往往被緊張、恐懼……等等負面情緒束縛住，以致無法脫險。

凡事不可過於緊張，在堅持自己的信念之時，儘量將心情放鬆，唯有如此，才能充分發揮個人的潛能。

從事任何工作，只要將穩定自己情緒的習慣慢慢培養出來，自然能夠以平常心去克服各種障礙！

話雖如此，但實際上要以平常心面對危險卻並非易事。因爲，當人們面臨某些危險的事情時，心中難免會膽怯，同時會由於不安和恐懼而使得身體、唇齒不住顫抖。

這是缺乏自信的必然現象，必須反覆不斷地訓練自己，讓自己產生自信，才能輕鬆戰勝畏懼。

你有什麼好驕傲的？

蘇聯作家高爾基說：「一個人可以做到他想做的一切，需要的只是堅忍不拔的毅力和持久不懈的努力。」

日本作家鈴木健二在《人際關係趣談》裡說：「真正有能力的人，工作時總是默不作聲，乾淨俐落地把任務完成，而且事後表情輕鬆，顯得若無其事，不會誇耀自己的才能。」

如果你自認爲擁有某些過人的才華，喜歡四處炫耀，那麼可得糾正這種錯誤的行徑，因爲，你那副沾沾自喜的表情，其實已經透露你有幾分本事，看在眞正的高手眼中，你只不過是一隻喜歡吹噓的井底之蛙。

北宋名臣歐陽修所著的《歸田錄》中寫過一則熟能生巧的故事，大意是說，有位神箭手很愛現，經常在大庭廣眾下表演百步穿楊的箭術，由於他箭無虛發，每次都能精準地射中目標，因此，旁觀的民眾都會對他精湛的箭術報以熱烈掌聲。

有一天，這個神箭手又在樹下獻寶，當他滿臉陶醉地享受觀眾的掌聲和讚美時，卻發現有一位賣油的老人很不捧場，居然只是面露微笑靜靜站在一旁，沒像其他人一樣鼓掌叫好。

看到這個情形，這位神箭手有點不悅，於是就走到老人面前，問他說：「你的表情好像很瞧不起我的箭術喔，莫非你也懂得射箭？」

老人笑著說：「射箭，我倒是不會，但是我相信，任何人只要持續不斷勤加練習，都會射得和你一樣好。」

這句話大大地刺傷神箭手的自尊心，於是他立即變臉，生氣地對賣油的老人說：

「喂，老頭子，你知不知道這樣講很沒有禮貌，而且很不負責任喔，你如果沒辦法證明你剛剛所講的話，我就要讓你好看！」

老人聽了，仍舊微笑著說：「這樣吧，我是個賣油的，我就表演倒油的技術給你看吧！」

說完，老人就將肩上的扁擔卸下，然後在裝油的葫蘆口擺了一個有方孔的銅錢，隨即用杓子舀起一杓油，高高地將油注入葫蘆中。

只見一條閃亮的細線毫厘不差地穿過錢孔，直到葫蘆裝滿了，銅錢仍沒沾上一滴油。觀眾們看到他這種功夫，紛紛鼓掌叫好，老人仍舊微笑著說：「只要經常練習，任何人都能達到這種境地。」

你必須具備的應對智慧

蘇聯作家高爾基說：「一個人可以做到他想做的一切，需要的只是堅忍不拔的毅力和持久不懈的努力。」

就像賣油老人所說的，任何事只要持續不斷地勤加練習，都可以到達爐火純青的地步；至於那位神箭手，只不過是由於勤加鍛鍊而擁有一項拿手的技術而已，沒什麼好驕傲的。

俗話說：「三百六十五行，行行出狀元」，你若能精通一門技術，那麼無論你目前的職業、地位、才能、學歷、財產和別人有多大的差距，其實都無關緊要；只要能在自己專精的領域中精益求精，保持一枝獨秀，你就可以創造出輝煌燦爛的人生。

所謂萬變不離其宗，人一旦精通了某種技術，就會使自己產生無窮的自信，從中體會出世事萬物的本質。此外，還能觸類旁通，快速領略處理其他事務的要訣，無論面對任何人都能保持心平氣和，無畏無懼。

打開心眼就能克服恐懼

三島由紀夫強調：「人無論做什麼事都必須養成習慣，一旦習慣後，世界上任何事情都不值得畏懼了。」

日本名作家三島由紀夫在《行動學入門》裡鼓舞我們說：「閉上眼睛，大膽地行動吧！或許你會再三遭到失敗，但是時間一久自然會習慣，一旦習慣後，所有的不安和恐懼自然會消失無蹤。」

人們不論做什麼事，開始時總是會感到忐忑不安，一旦不安和恐懼的情緒升起，就會畏縮不前。

但是一味退縮，不安和恐懼將永遠無法消除，唯有閉起肉眼、打開心眼，大膽地去做，才能克服心理的障礙，如此一來，橫阻於前的障礙自然會消匿於無形……

人性本來就很詐

日本最著名的劍客宮本武藏一生精研兵法，已經達到劍禪合一的境界。有一天，一個劍客前來拜訪宮本武藏，請他指點研究兵法的心得。

宮本武藏指著榻榻米的邊緣說：「如果有一座橋和這張榻榻米的邊緣一樣寬，距離地面六尺，你走得過去嗎？」

榻榻米的邊緣非常狹窄，這位劍客聽了之後搖搖頭。

「那麼，如果是三尺寬的橋，你能走過嗎？」

「可以，這太簡單了！」

「好，假如這座三尺寬的橋懸吊在兩座高山之間，下面是萬丈深淵，你是否也能走過呢？」

「不……」

「爲什麼？不是同一座三尺寬的橋嗎？」

「因爲……」

當對方支支吾吾無言以對時，宮本武藏才透露自己精研兵法的心得：「有目而無眼，無目而有眼」，也就是面對恐懼的時候，要閉上造成自己恐懼的肉眼，打開「心眼」去看世間萬物，一個劍客唯有達到這種境界，才能成爲第一流的劍客。

你必須具備的應對智慧

爲什麼同樣的一座橋，位於平地的時候，人們可以輕鬆地走過，一旦懸吊在兩座高山之間就卻步不前了呢？

其實，這完全是由於視覺造成紛擾的雜念，使人心生膽怯的緣故，倘若能將這種恐懼心理或雜念去除，達到心靈的平靜，就能夠隨遇而安。

一般人見到腳下是萬丈深淵，都會不自主聯想到自己不小心失足墜落的情況，而在極度緊張的情況下產生恐懼的心理。這時，雖然心裡一再鼓舞自己這其實沒什麼，想要硬著頭皮走過去，但是雙腳就是不聽使喚，自然沒有膽量走過那座橋了。

唯一的方法就是閉上肉眼、打開心眼，儘量保持平靜的心境，將自己從緊張、恐懼的情緒中解放出來。

我們不論做什麼事，如果要使自己的才智、力量充分發揮出來，最重要的是，要有一個平和安詳的心境。

三島由紀夫強調：「人無論做什麼事都必須養成習慣，一旦習慣後，世界上任何事情都不值得畏懼了。」

克服心中的畏懼，才是強者的人生哲學。的確，只要習慣了，任何不安和恐懼都會煙消雲散！

你聞得出成功的契機嗎？

人在衡量利弊得失的時候，通常會受到本身價值觀念的影響，經過一番思慮後才做出決定。

美國名作家歐・亨利曾經在著作中寫道：「人生是由嗚咽、嗅聞和微笑構成的，而在三者之中，嗅聞站在支配的立場。」

這是因爲，唯有嗅聞出成功的契機，人才能決定自己人生要走向何處，面對利害得失之時應該如何取捨。

一個人如果缺乏嗅聞出成功氣味的能力，那麼，他的人生注定是嗚咽居多，而微笑甚少。

人性本來就很詐

某一天，丹麥首都哥本哈根市區發生了一場交通事故，一輛高級轎車煞車不及，撞倒一個闖紅燈穿越馬路的行人。

由於衝撞的力道太大，行人的右腿硬生生被撞斷了。

肇事者是哥本哈根當地一家知名啤酒廠的老闆，而被撞斷腿的則是一個遠道而來的日本觀光客。

這個日本觀光客被緊急送到醫院進行手術，事後，啤酒廠的老闆基於道義前去探望，愧疚地說：「很對不起，你遠從日本前來觀光，沒想到竟發生這樣令人遺憾的意外。」

隨後，啤酒廠的老闆詢問了這個日本人的家庭、經濟狀況，得知他單身一個人，而且不久前才辭去工作，到丹麥來旅遊散心。

「這該如何是好呢？以後你怎麼生活？」

這位日本人說：「都是我自己不對，能怪誰呢？不如這樣吧，等我可以走動後，讓我到你的啤酒廠當守衛，混口飯吃，好嗎？」

啤酒廠的老闆見這位日本人性情開朗，並不耍賴要求賠償，心中自然相當高興，趕緊對他說道：「好的，那你就安心養傷吧，等傷勢好了，就到啤酒廠來上班。」

過了不久，這個日本人傷勢痊癒，就到這家啤酒廠當守衛。

這個日本人言行得體，待人非常謙恭有禮，而且工作之時非常認眞負責，對進出廠的貨物檢查十分仔細，深獲啤酒廠高級幹部信任，於是，大家經常到守衛室找他閒聊。

三年後，這個日本人存了一些錢，便藉口要返回日本定居，啤酒廠的員工挽留之餘，並未懷疑他的說詞。

後來，這家啤酒廠才知道，這個日本人竟然是一個商人，喬裝成觀光客前來丹麥，是覬覦當時享譽世界的這家啤酒廠的釀造技術。

由於這家啤酒廠保密程度很高，從不允許外人參觀，這個日本商人在啤酒廠周圍轉了三天，就是不得其門而入。

後來，他看到每天早晚都有一部黑色轎車進出，打聽之下，知道是這家啤酒廠的老闆座車。於是，他就趁老闆開車出來時，處心積慮地製造了那起交通事故，藉機混進啤酒廠當守衛。

三年來，他利用工作之便，想盡一切辦法，終於竊取了這家啤酒廠的配方和技術。他犧牲了一條腿，換得了一流的啤酒釀造方法，成功地開設了一座規模龐大的啤酒廠。

你必須具備的應對智慧

許多深諳人性的思想家都告訴我們，不能憑表面印象去判斷一個人，因爲在陽光照射得到的地方，奸猾的小人會表現出一副不貪不取的模樣，而在黑暗的角落，他們就會露出貪得無饜的嘴臉。

但是，從另一個角度來說，奸猾未必不是智慧，貪得無饜也只是慾望的眞實呈現，只要不犯法，其實都無可厚非。

看完這個故事，也許你會覺得，這個日本商人未免太奸詐、行事太極端了，想要成功何必非得去撞車不可呢？

其實，人在衡量利弊得失的時候，通常會受到本身價值觀念的影響，經過一番思慮後才做出決定，也許你無法認同這個日本商人的行徑，卻不得不佩服他跑去撞車子的勇氣，畢竟用這種方式獲得自己想要的東西，不是一般人做得出來的。

重點在於嗅覺，故事中的日本人就是因爲嗅聞出成功的契機，清楚地知道自己要的是什麼，所以才會不擇手段，勇於「壯士斷腿」，寧願犧牲一條腿換取釀造啤酒的技術。

何必為了缺點而感到自卑

> 真正的強者勇於承認自己的弱點，做足了心理建設，其他人無法由這些地方打擊他，因為他根本不怕別人的攻擊。

美國激勵作家麥斯威爾．馬爾茲曾經說過：「一個人最終拋棄了虛偽與矯飾，主動表現出本來面目時，他所得到的輕鬆與滿足是不可比擬的。」

這是因爲，虛僞與矯飾讓人終日患得患失，只有勇敢面對自己的缺點，才能在人前人後都活得輕鬆自在。

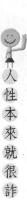

晏子是春秋時代齊國著名的宰相，雖然身材矮小，但是才高八斗、頭腦靈光，並且以機智聞名於世。

一次，晏子奉命出使楚國，楚靈王一向看不起齊國，於是晏子矮小的身材正好成爲他取笑的題材。

楚靈王一見到晏子，便毫不客氣地說：「難道齊國都沒有人才了嗎？怎麼派一個侏儒來這裡呢？難道不怕丟人現眼嗎？」

晏子早已料到楚靈王居心叵測，故意借題發揮，於是不動聲色、不慍不怒地回答道：「我們齊國可說人才濟濟，隨便一個路人甲都是個不可多得的人才。只是，我們齊國的規矩甚嚴，強調對等關係，規定賢明的人出使賢明的國家，不才的人就出使不才的國家，我晏子身材矮小，又沒什麼長處，所以就被派來出使楚國了。」

楚靈王損人不成，被晏子反將了一軍，心裡自然火冒三丈。正巧此時外面的士兵剛好押了一個囚犯經過大殿，楚靈王逮到了機會，故意大聲地問：「這名囚犯到底犯了什麼罪？」

士兵回答：「偷竊罪。」

「囚犯是哪裡人啊？」楚靈王明知故問。

「齊國人。」

楚靈王對這個答案非常滿意，露出洋洋得意的姿態，對著晏子挑釁地說：「齊國是窮到沒飯吃嗎？怎麼你們國家的人都喜歡做賊啊？」

晏子知道這場戲是楚靈王刻意安排的，目的無非是想令齊國蒙羞，依然不慌不忙地回答道：「聽說江南的橘子，一旦移植到江北就變成了枳子，橘子會長成枳子，是因爲本身所處的環境不同，這麼簡單的道理，大王您一定明白。同樣的，齊國人在齊國奉公守法、安居樂業，一到了楚國就變成盜賊，這也是因爲所處環境不同的緣故，和他來自什麼地方又有何關係？」

楚靈王自知理虧，對晏子臨危不亂的表現更是佩服得五體投地，於是立刻改以上賓之禮款待他。

人的一生難免會遇到各種負面批評以及打擊，唯有培養健全開朗的心理狀態，才能臉不紅氣不喘地從容應對。

晏子最令人佩服的地方，不只是他過人的機智，而在於他能敞開心胸，正視自己的缺點。

眞正的強者是不會有死穴的，他勇於承認自己的弱點，做足了心理建設，其他人無法由這些地方打擊他，因爲他根本不怕別人的攻擊。

因此，何必爲自己的小鼻子、小眼睛而煩惱？更不必爲自己的多一塊少一塊肉而感到自卑，誰沒有缺點？誰沒有過錯？

勇者無所懼，千軍萬馬都不怕了，又豈會被自己的小瑕疵所打敗？

睡覺，也是解決事情的方法之一

潛意識不僅僅只有人類出生以後的經驗，同時還包含了前世和祖先的經驗在內，這些經驗會經由遺傳的方式而存留下來。

相信自己有能力解決難題，殫精竭慮地思考問題該如何迎刃而解，無疑是邁向成功的必備條件。

但是，人生並不一定非得時時刻刻都處於緊繃狀態，偶爾必須把問題丟給潛意識處理。當你遭遇到一些不知如何是好的難題時，有時躺下來睡大頭覺，也是解決事情的方法之一。

因爲，事情若是眞的遇到瓶頸，難以突破，再怎麼掙扎也是徒費心思和力氣，勉強想辦法應付，並不一定能有效解決。

這時，你不妨告訴自己：「船到橋頭自然直」，然後放鬆心情酣酣入睡，讓潛意識來幫自己解決問題。

這樣的例子，在許多科學家身上都曾發生過，以下是其中之一。

人性本來就很詐

亞卡西茲是一位聞名全球的動物學家，在化石魚類的研究歸納工作方面卓然有成。他在研究化石魚類的過程中，曾經有過一個神秘而有趣的體驗。

有一天，他在一塊石板上發現了一個魚類化石的痕跡，於是廢寢忘食專注地研究，但是由於這塊化石缺少了最重要的一部分，因此研究工作始終沒有進展，幾天後，他不得不將這件事情暫時擱置。

然而，不久之後，有一天晚上，他在睡覺的時候，竟夢見了那塊化石欠缺的那個重要部分，而且清晰、吻合地補足了，可是當他醒來時，卻想不出剛才夢中見到的特徵。

於是，第二天晚上臨睡之前，亞卡西茲將紙和筆準備好，放在床頭。當晚，那條化石魚欠缺的重要部分又在夢中出現了，在意識朦朧的狀態下，他趕緊將特徵記錄下來。

翌日清早，他仔細看了昨夜畫下的圖樣，心中大吃了一驚，因爲紙上所顯現的，正是化石沒有顯示出來的特徵，於是他立即根據這個圖樣刻在石板上，至此，化石魚的分類工作才告完成。

你必須具備的應對智慧

心理學家克拉伍德·布利斯特說過：「潛意識有使心中深信不疑的事情付諸實現的力量。」

這是因爲，每個人的想像都會隨著潛意識運行，必然會投注心力於盤旋腦海之中的想像。

瑞士精神分析家榮格在他的學說中，特別重視出生前的記憶，並且主張潛意識不僅僅只有人類出生以後的經驗，同時還包含了前世和祖先的經驗在內，這些經驗會經由遺傳的方式而存留下來。

就因爲潛在意識並不單單是個人經驗的累積，同時還包含了前世和祖先的經驗，自然擁有極大的力量。

美國作家愛默生說：「當遭遇逆境或是碰到危急的場面，我們所表現出來的都是無意識的行動。」

愛默生的說法使我們理解，在這種情況下，與其依賴著個人的理性與判斷，不如將這類情況委諸潛意識處理，這才是比較聰明的做法。

只有自己才能拯救自己

一個人縱使受到極為嚴重的傷勢，只要心中充滿能夠治癒的信念，積極而堅強地活下去，終究能脫離險境。

著名的瑞士精神分析學家卡爾．榮格曾經這麼說過：「根據三十年來的經驗，我發現病人本身若是沒有信心，那麼精神方面的疾病永遠不會好轉，向來都是如此，絕無任何例外。其實，不僅精神方面的病症如此，其他各方面也都是如此。」

榮格的說法，的確是一個鼓舞人心的經驗談，如果患者本身沒有信心，不管進行多少種治療措施，病情也不見得會好轉。唯有心中相信自己會好起來，身體才會朝著康復的方向發生作用。

百老匯著名的歌劇演員佛雷亞斯坦，有一天搭乘飛機不幸失事，雖然僥倖沒有罹難，但是傷勢非常嚴重，幾乎全身的骨頭都折斷了。

醫生緊急搶救後認爲，他生還的機率不大，即使出現奇蹟保全性命，也會終身殘廢。

但是，佛雷亞斯坦具有相當強韌的生命力和生存信念，幾天之後竟然奇蹟式地清醒。

他清醒之後，立刻向醫生詢問自己的傷勢，得知可能終身殘廢後，他並不氣餒，反而在心中不斷鼓舞自己：「我一定會復原的，我還要重新開始我的舞台生涯。」

他每天反覆說著這些話，心中想像著所有折斷的骨頭都已經治癒，漸漸的，他的傷勢竟然日趨好轉，斷骨也逐漸密合起來，醫生們都覺得這簡直是不可思議的事情。

過了一段漫長而艱苦的復健後，佛雷亞斯坦逐漸能靠著枴杖站起來走動了，但是由於腳踝部位受傷過重，因此，醫生警告他日後絕對不可以再從事舞台演出。

然而，佛雷亞斯坦並不想放棄自己的演藝生涯，出院後，便整天在家中勤練柔軟體操。

當他正式宣告復出演出時，在百老匯造成了空前的轟動。

恢復演出的當晚，他與女兒泰麗莎同台表演，觀衆們看到他復出後的「枴杖舞」時，紛紛起立報以熱烈的掌聲，爲他流下高興的眼淚。

後來，他雖然不用拿枴杖也能跳舞，但是「枴杖舞」卻被公認是他所有表演中最具特色的一種舞，至今猶爲人們所懷念。

你必須具備的應對智慧

佛雷亞斯坦有如此的勇氣和精神，當然值得觀衆爲他喝采。

由他的例子，我們可以得知，一個人縱使受到極爲嚴重的傷勢，只要心中充滿能夠治癒的信念，積極而堅強地活下去，終究能脫離險境。

拯救佛雷亞斯坦的並不是醫生，因爲醫生只能負起接合斷碎的骨頭和治療的責任，對於以後的事，就無能爲力了。

拯救佛雷亞斯坦的，其實是他自己，由於他本身具有強烈的生存信念，才能奇蹟式地康復，若是他本身缺乏信心，那麼連活下去都有問題，更不用談演出歌舞劇了。

他的故事告訴我們，唯有在逆境之中仍舊保持信心，才能激發無限潛能；也唯有保持信心，才能讓自己獲得峰迴路轉的機運！

命運的主宰不是醫生或任何人，而是我們自己！我們可以控制自己的想法和做法，也可以決定自己的人生方向。不用管醫生怎麼說，不必管別人怎麼潑冷水，只要你願意相信自己，你就可以創造屬於自己的輝煌人生。

PART **6.**

從蛛絲馬跡看出成功的契機

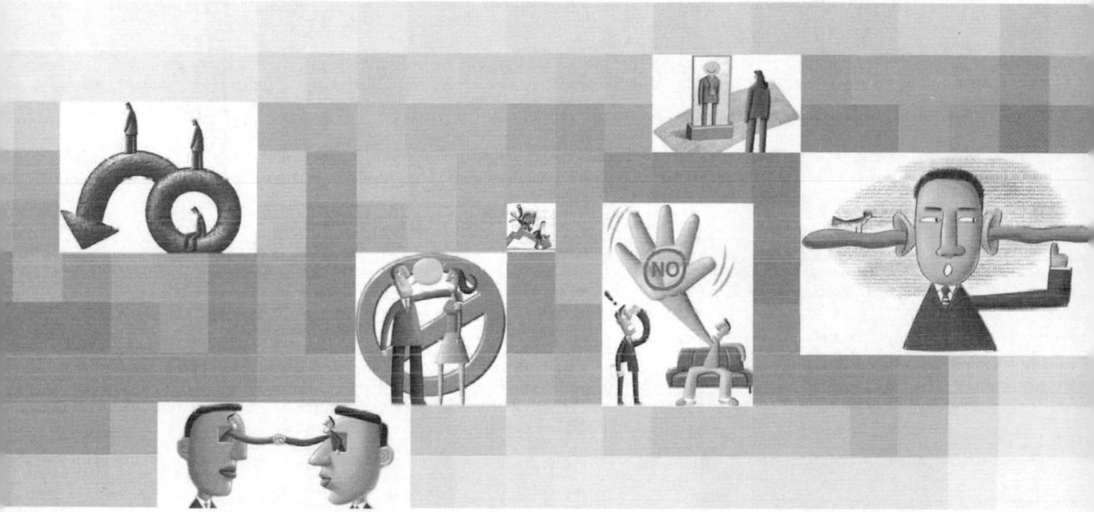

未來的機會在哪裡？相信我們的身邊一定早有許多的蛛絲馬跡，只要我們能仔細留心，一定能做出最佳的抉擇。

遇到困境，要懂得反其道而行

人性的奇妙之處在於，自動送上門來的未必想要，但對他人極力保護不願曝光的「秘密」則充滿了好奇。

俄國諷刺作家契訶夫曾經如此說：「路是人走出來的，為了多闢幾條路，必須往沒人的地方去。」

人生中充滿難解的問題和考驗，若你總是以固定的方法解題，不僅苦思不出答案，更會深陷在泥濘裡難以抽身。

試著拐個彎、繞點路吧！

「反其道而行」也許更能走到終點呢！

十七世紀中葉，馬鈴薯種植還沒有在法國得到推廣。當時，人們對這種現在早已極爲普通的食物懷有很強的戒心，甚至將它稱爲「魔鬼蘋果」，而且醫生們非常固執地認爲這種東西對人體健康十分有害；當地的農民也認爲種植這種東西，會使他們的土壤變得非常貧瘠。

後來，法國有一位著名的農學家安瑞·帕爾曼奇去了美洲，品嚐了炸馬鈴薯片以後，讚不絕口，於是決心在自己的國家裡推廣馬鈴薯種植。但是他花了很長的時間，卻無法說服自己家鄉的任何人。

有一天，帕爾曼奇先生有幸見到了國王，趁機向國王要一塊土質很差的荒地。國王問他要這樣的土地有什麼用處，他說：「我用來做試驗。」

回來以後，他就在這塊實驗田裡栽培了馬鈴薯。爲了能使馬鈴薯更快被擺上人們的餐桌，他又使出了一個小小的花招。

他再一次來到王宮，向國王提出了一個請求：「尊敬的陛下，我在那塊土地上已經種下了『魔鬼蘋果』。這只是爲了進行實驗，不過，爲了防止別人來偷竊，萬一吃下去引起不良後果就不好了，所以我懇請陛下派一支衛隊去守護。」國王本來就很欣賞和信任帕爾曼奇，就立即答應了。

帕爾曼奇在這塊實驗田裡種了馬鈴薯，每天都有全副武裝的衛隊站在地邊看守。這種異常的舉動，立即引起了附近民衆強烈的好奇心，大家都想知道那塊土地上究竟種的是什麼。

白天，衛士們站在那裡看守，人們無法接近，但當夜晚降臨時，一些膽大的鄉民就千方百計地潛入到這塊地裡偷竊馬鈴薯。然後，他們就將這些神秘的農作物種在自己的園子裡，想看一看究竟是什麼東西。

就這樣，馬鈴薯的種植逐漸地蔓延開來，最後終於走進了家家戶戶，走到了法國民衆的餐桌上。

帕爾曼奇決定推廣馬鈴薯之時，因爲當地的民衆與醫生的錯誤觀念，使得他的努力一直沒有辦法得到肯定，人民的接受度很低。於是，他換了一個方法，利用人人都有的好奇心，故意把要推廣給大家的東西藏匿起來，還派出重兵看守。

故弄玄虛的方式使得附近的鄉民們一傳十、十傳百地猜測這神秘的園子裡種的是什麼好東西。

帕爾曼奇的高明之處就在於遇到阻礙之時採取「反其道而行」的方法，人性的奇妙之處也在於此，自動送上門來的未必想要，但對他人極力保護不願曝光的「秘密」則充滿了好奇。

我們可以學學帕爾曼奇這洞悉人性的一招，同時也該想想，對於面前的好東西是否我們都視而不見，反而去留意那些一無所知的謎題？

事情沒有好壞，關鍵在於心態

接踵而來的困境，可能是雪上加霜的危難，也有可能是我們的轉機，端看我們自己抱持的態度而定！

激勵大師戴爾．卡耐基層說：「人在身處逆境時，適應環境的能力實在驚人。人可以忍受不幸，也可以戰勝不幸。」

這是因爲人有著驚人的潛力和未用的智力，只有遭遇最艱困危險的時候，才會由體內和腦內爆發出來，從一隻病貓變成一頭猛虎。

你是否常常覺得，錦上添花的事不常有，但是倒楣與不順遂卻常常接二連三地降臨到自己頭上？

不過，即使在最低潮、最黑暗，困難與打擊接踵而至的情況下，應該換一個角度來看，眼前的這些困境，會不會也能轉變為另一個轉機呢？

人性本來就很詐

一九五五年，在日本東京都中野區，住著一個窮困潦倒的知識分子田中正一。

他沒有正當的職業，一文不名，整天關著門在家裡研製一種「鐵酸鹽磁鐵」，經常被鄰居看成是怪人。

當時，田中正一不但窮困，還患上了神經痛的毛病，怎麼治也治不好。貧窮加上病痛，換做是一般人，早就意志消沉了。

但是，他沒有被困境打倒，每逢星期四，他仍舊帶著許多製好的磁石，到大井都工業試驗所去測試。

時間一長，田中正一偶然發現，每逢星期四他的神經痛就會得到緩解。田中正一是一個探求心很強的人，對這種現象感到十分好奇，於是就找來一條橡皮條，在上面均勻地黏上五粒小磁石，貼在自己的手腕上做試驗。

很快地，他發現這個小東西對治療神經痛很有效，便立即申請了專利。

他認爲，將磁石的南極、北極相互交錯排列，讓磁力線在人體上發生作用，由於人體內有縱橫交錯的血管，血液流過磁場時，便能產生出微電流，正是這種微電流達到治病強身的效果。

取得專利權後，田中正一又進一步對產品進行改良，模仿錶帶的式樣，製造四周鑲有六粒小磁石的磁療帶，在市場上推出。

產品上市之後，果然在全日本出現了人人爭購的熱潮。他的工廠即使每天輪三個班次來生產磁療帶，也同樣供不應求。在銷售最好的時期，僅僅一周銷售額就達兩億日元。

就這樣，轉眼之間，一個貧病交織的窮漢變成了大富翁。

你必須具備的應對智慧

田中正一能夠從窮困的環境翻身的關鍵，在於他的研究熱忱，以及即使在病痛中仍不放棄的堅持。

對他來說，患這神經痛的毛病或許不是一種折磨，而是讓他將自己對磁石的研究開花結果的轉機！

世事難料，每個人生命中的種種遭遇沒有絕對的好與壞，關鍵在於心態。

就如田中正一在窮困中竟又患上了神經痛的病症，對一般人來說是「禍不單行」的困境，但他卻反而在這種情況下發現了磁石的妙用，不但擺脫了病痛，更進一步利用這個發現，開發了具有醫療作用的磁療帶，賺了一筆大錢。

接踵而來的困境，可能是雪上加霜的危難，但也有可能是我們的轉機，端看我們自己抱持的態度而定！

先尊重對方的想法，彼此才能對話

要別人尊重自己，自己必須先表現出對對方的尊重。因為我們不能一味地只想要去改變別人，我們唯一能改變的只有自己。

俗話說：「人要衣裝，佛要金裝」。這句話雖然聽起來俗氣，但在現實的人際互動中，確實是有它的道理存在。

這不是在爲現代人的「以貌取人」或「勢利眼」做辯護，而是在提醒我們，若要他人以尊重的眼光看待，自己就必須儘量爭取這種尊重。

因爲，我們不能一味地只想要去改變別人，指責別人的想法是錯的、是過時守舊的，我們唯一能改變的只有自己。

香港富商曾憲梓發跡之前，曾有一次背著一箱領帶到一家外國商人的服裝店推銷。服裝店老闆打量了一下他的寒酸相，毫不客氣地要曾憲梓馬上離開。

曾憲梓快快不樂回家後，認眞地反省了一夜。

第二天早上，他穿著筆挺的西裝，又來到了那家服裝店，畢恭畢敬地對老闆說：「昨天冒犯了您，很對不起，今天能不能賞個光，與我一起吃早茶？」

服裝店老闆看了看這位衣著講究、說話禮貌的年輕人，頓時心生好感。兩人邊喝茶邊聊天，越談越投機。

喝完茶之後，老闆問曾憲梓：「你昨天打算帶來推銷的領帶呢？」

曾憲梓說：「今天是專門來道歉的，不談生意。」

那位老闆終於被他的眞誠打動，「明天你把領帶拿來，我幫你銷售。」

從此以後，這位老闆和曾憲梓成了好朋友，兩人眞誠的合作，促進了後來金利來事業的發展。

你必須具備的應對智慧

現代的年輕人常常興之所至，一切照著自己的規則與步調來，爲了突顯自己的「個性」或「主體性」，將社會的一般規範視若無物。這樣子的行爲，在互動單純的校園裡可能還不會遇到很大的問題，但是出了社會之後，便容易與其他人的價值觀產生衝撞。

相對的，不論彼此的想法有多麼大的差距，由曾憲梓的故事我們可以掌握到一個原則：要別人尊重自己，自己必須先尊重人，先表現出對對方的尊重。

這個道理很淺顯易懂，但是卻有太多人無法做到。當然，衣服只是表面，但從細節之中就可以看出你對對方是不是尊重，是不是認同他的價值觀。先試著尊重對方的想法，唯有如此，雙方才有開始對話的可能性，不是嗎？

從蛛絲馬跡看出成功的契機

未來的機會在哪裡？相信我們的身邊一定早有許多的蛛絲馬跡，只要我們能仔細留心，一定能做出最佳的抉擇。

不論是做生意或是做生涯規劃，需要的是具前瞻性的眼光與靈活的頭腦，不但要能看到眼前，更要能看清未來的良機何在。

成功不是大公司、大財團的專利，也不需要龐大或詳盡的研究報告，有的時候，只要能比他人更快掌握住未來的脈動，率先行動，就能獲得成功。

日本尼西公司在數十年前只是一個僅有三十多人的小公司，靠著生產雨衣在競爭激烈的環境中生存。後來因爲產品滯銷，公司準備轉型。

就在這個時候，公司董事長多州博偶爾間看到一份人口普查資料，得知日本的人口成長率逐年增高，預估在下一個年度，就會有兩百五十萬個新生兒出生。不僅如此，就全世界的趨勢而言，每年的新生兒出生率也不斷上升。

他忽然靈機一動，心想光是在日本國內，只要每一個嬰兒一年用兩條尿布，那麼一年至少就需要五百萬條，更何況實際情形遠遠超過估算，如果再銷往國外，市場就更加廣闊了。

於是，他果斷地決定，將公司轉型爲專門生產尿布。結果，只花了幾年工夫，公司生產的尿布就以高品質佔領日本市場，並佔世界銷售總量的百分之三十。

多州博由此成爲世界著名的「尿布大王」。

多州博能將原本生產滯銷雨衣的公司一舉轉變成雄霸日本市場，甚至跨國性的企業，當初決定轉做尿布的這一著棋是非常關鍵的；他的頭腦動得很快，在看到人口普查報告的時候便馬上看見了其中無限的商機，轉而生產每個嬰兒都一定要用的產品。

尿布也許不是什麼高級商品，但卻是每個新生兒必備的消耗品，想必當時一定有許多人爲了不方便使用的尿布而感到困擾。就是因爲這樣，產品的品質如何便成了勝敗的關鍵。

在那個年代，多州博就能專心致力於這項當時還沒有人認眞研究過的商品，並製造出高品質的成品，一舉受到消費者的肯定，無疑是思考致勝的結果。

就思考層面而言，多州博具備前瞻性的眼光，讓他得以從一份人口普查資料便看到了未來的需求，做出正確的決定；就技術層面而言，因爲專心在產品下功夫，尼西公司的尿布更從此受到消費者的肯定。

未來的機會在哪裡？相信我們的身邊一定早有許多的蛛絲馬跡，只要我們能仔細留心，一定能做出最佳的抉擇。

謹言慎行才不會陷入險境

這個世界上，總是有太多「想太多」的人存在，即使是小小的無心之過，也會為自己帶來麻煩。

法國文豪雨果曾說：「謹慎是智慧的長子。」

我們應該注意到，一個謹慎的人不會故意將自己推入危險的處境中，不會過度誇耀自己，總是能適如其分地表現出應有的言行，並且在險惡環境中展現出明哲保身的智慧。

據說，明太祖朱元璋有一天心血來潮，想在大殿的牆壁上畫一幅「天下山河圖」，如此不但壯麗美觀，並可趁機將自己的功蹟昭告世人。

隨即，朱元璋召來畫師周玄素，委以重任。

周玄素深感責任重大，又知道朱元璋生性多疑，稍有不慎，恐怕性命難保。

於是，他稍做思考，便向前拜倒說：「啓稟皇上，臣尚未走遍天下，見識淺陋，不敢枉作此圖，還請陛下先畫一個初稿，我再斗膽潤色。」

朱元璋一聽有理，於是提筆畫了一個初稿，畫完了便命周玄素潤色。

周玄素說：「陛下定的江山，臣豈敢隨便更改？」

朱元璋一聽，心想：「江山是我打下的，山河當然由我定，哪能由人隨便更改？」於是一笑了之。

你必須具備的應對智慧

朱元璋的個性向來陰晴不定，而且疑心病非常重，在他身邊的人不可能不知道這一點；他一時興起將此事委託於周玄素，難保過幾天不聽信讒言，認爲周玄素妄作天下山河圖，分明是自己想當皇帝。如此一來，周玄素就算有一百顆腦袋也不夠砍！

因此，我們可以說，周玄素以謹慎與智慧，在那個只要一個應對出了差錯就可能慘遭殺身之禍的年代，爲自己保住了一條性命。

同樣的，身處複雜社會的我們，也要時時提醒自己「謹慎」這兩個字，隨時留意自己是不是處於類似的情境中？雖然言者無心，但是誰能保證聽者會不會有另一番充滿猜疑的解讀？

要知道，這個世界上，總是有太多「想太多」的人存在，我們若不小心留意，一個無心之過，可能就會爲自己帶來無窮的麻煩。

如果可以的話，也要儘量避免一些容易引起誤會或敵意的行為，才能夠在複雜的人際脈絡中全身而退。

值得信賴，就不會遭遇太多阻礙

「誠信」是最為珍貴的特質與資產。我們一旦給予人「不值得信任」的印象，想要加以扭轉就很難了。

在這個世界上，有許多東西可以用金錢買到，例如，車子、房子、衣服、食物，甚至是他人羨慕的眼光、舒適與安逸的生活環境……等。

正因爲如此，我們常常會用金錢去衡量一切，用金錢評估事物的價值，爲所有的東西貼上標價。

如果眞的一切事物都能用金錢來判斷的話，或許我們應該問問那些精於算計、錙銖必較的商人：「誠信」應該價值多少？

戰國時期，衛國有一個沒落貴族，聽說秦孝公廣納賢才，於是千里迢迢來到秦國，向秦孝公遊說自己的富國強兵之道。秦孝公很贊同這位才士的觀點，於是便任用他來實行變法。

這個人就是歷史上赫赫有名的商鞅。但一個外來的沒落貴族要推行變法，必然會觸及到秦國貴族們的既得利益，果然，秦國的貴族群起反對。

商鞅意識到，自己變法能否成功，有一個重要的關鍵，就是「信」字。何謂「信」呢？就是建立自己的威信和獲得人民的信任，但這種資源他沒有，也無法從別人那裡借到。他必須自己創造信譽，這將是他變法的過程中最重要的一項資源。

他命人在咸陽南門外立起一根三丈高的木柱，然後張貼告示，寫著誰能將這根木柱搬到北門外，賞黃金十鎰。

告示一出，圍觀者眾，但沒有一個人去搬木柱，一來因爲大家不知道商鞅葫蘆裡賣的是什麼藥，二來根本就沒有人相信天下會有這等好事——搬動區區一根木柱，就能獲得賞金十鎰，騙三歲小孩子還差不多！

過了幾天，商鞅見沒有動靜，於是又張貼出新的告示，將賞金增加到五十鎰黃金之多。這下子，老百姓更加懷疑了，紛紛說：「賞十鎰黃金已經是天上掉餡餅，賞到五十鎰根本就像天上掉月亮一樣不可能。」

但三天後，還是有一個人抱著姑且一試的心態，把那根木柱輕輕鬆鬆地搬到了北門外。商鞅立即召見扛柱人：「正如告示所言，五十鎰賞金歸你了。」

扛柱人喜不自勝，在眾人羨慕的眼光中，將五十鎰黃金抱了回家，這件事立刻轟動全國，爲商鞅樹立了令出必行的良好形象。

商鞅趁機發佈變法令，得到很多人的擁護，最後獲得了成功，秦國因而迅速強大，奠立了一統中國的基礎。

商鞅為了爭取人民對他的信賴，以及賴以施行變法的威信，花五十鎰黃金請人搬柱子，這項舉動在旁人看來雖然不可思議，但從成本效益來看，其實是非常划得來的一個「示範投資」。

「誠信」是一個人乃至一個團體或組織領導階層最為珍貴的特質與資產。一個人只要有信用，在交友與工作上便會得到許多的尊重與信任；而一個團體的領導階層若能讓人信賴，那麼無論在施行政策、資金調度或是溝通協商方面，都能排除掉許多因為「不信任」而衍生的障礙。商鞅的變法能夠成功，人民與行政階層對他的信賴都是非常重要的因素。

「信」這個字，有著千金難換的價值。我們一旦給予人「不值得信任」的印象，想要加以扭轉就很難了，即使花上比以往更多倍的努力，也未必能得到成效。因此，對於自己的信譽要特別加以注意，千萬不要以為別人不會在意你一兩次的失信或不遵守諾言的表現，而失去了這個千金不換的寶貴特質。

越黑暗，越要堅持自己的理念

環境的混亂、價值的混淆正如同滾滾濁流，但即使在重重的迷霧之中，我們仍然應該堅定自我，要求自己、約束自己。

在承平的環境中，我們很難看出，個人眞正的企圖與人格的高度，但是，在混亂的時代或陰暗的環境中，去除了外在的拘束與道德的約束後，人的品格就會完整地顯現出來。

活在這個腦力競賽的社會，想要一鳴驚人，就必須具備一些做人做事應有的心機，別再傻乎乎地混日子。

因爲，裝傻只會讓你越來越傻，擺爛只會讓你越來越爛！

楚莊王即位之初，有三年的時間將國家大事拋在一旁置之不理，成天縱情歡樂。一開始，大臣們覺得他剛登基心性未定，不便多說什麼，但時間一長，大家便開始擔憂起來。

儘管楚莊王張貼過「諫者處以死刑」的告示，仍有些忠心耿耿的大臣冒死求見莊王，直言進諫，但都沒有好結果。有一天，大臣伍舉求見，對楚莊王說：「大王，臣想請您猜一個謎語。」

「哦？愛卿好有興致呀！快說來與寡人聽聽。」楚莊王表現得很有興趣。

伍舉意有所指地說道：「山崗上飛來一隻鳥，但經過三年時間牠既不叫也不飛，請問大王，這還能算是鳥嗎？」

楚莊王一聽，心中有數，表面卻不動聲色，沉吟了一會才說道：「三年不飛，一飛衝天；三年不鳴，一鳴驚人。寡人明白你的意思，你先回去吧！」

伍舉退了出來，心裡不禁這麼想：「莫非大王知道我的意思了？如果真是這樣，那可太好了。」

可是，幾個月過去了，楚莊王依然如故，不僅沒有收斂，反而變本加厲。奸臣們暗自竊喜，忠臣們則憂心如焚。

這一日，大臣蘇從再也忍不住了，直言不諱地對楚莊王說：「大王，臣認爲您是一國之君，不能終日只知縱情享樂，而應該專心朝政，治理國家。」

楚莊王未置可否，反而提醒他：「蘇愛卿，你應該看到寡人貼出的告示了吧？進諫的人將被處死，你不知道嗎？」

「臣知道，但如果大王能因此而覺悟，臣甘願一死。」

「好了，大家都下去吧！寡人累了，想休息一下，好好想一想。」

退朝後，大臣們聚在一起，面面相覷，誰也不知道楚莊王葫蘆裡賣的是什麼藥。而被楚莊王寵幸的那些奸臣則暗自竊喜：「說不定這次大王真的把那些老頑固們一塊處死呢！誰叫他們多管閒事！」

然而，他們的如意算盤打錯了，楚莊王此後不再縱情享樂，而是開始致力於政治革新。他首先把那些鼓動他吃喝玩樂的諂媚之人嚴加處分，接著又重用曾經冒死進諫的伍舉、蘇從等人，勵精圖治之後，整個國家的面貌煥然一新。

你必須具備的應對智慧

有時黎明前的黑暗相當漫長，漫長到我們甚至會開始懷疑朝陽究竟會不會到來；但是，只要堅守崗位、認眞努力，終究會有撥開雲霧見青天的一日。

要在和平的社會中維持自身的道德與理念，不是那麼困難的事情，要在惡劣的時代中出淤泥而不染，才是不容易；環境的混亂、價值的混淆正如同滾滾濁流，將所有的事物都捲入其中，乍看之下雖然一片髒污，但只要用篩子一篩，泥沙與黃金仍然粒粒分明。

所以，即使在重重的迷霧之中，我們仍然應該堅定自我，要求自己、約束自己。因爲，在最黑暗的時代，人類那醜陋的、罪惡的一面，便會在黑暗中展露出腐敗的原形；而也正是在最黑暗的時代，人性中的良善與光明，才會呈現出最可貴的「價值」。

不改變心態，勢必遭到淘汰

領導人理應促進整體的利益與進步，當目標無利於實際的團體利益時，身為領導者勢必遭到淘汰，付出慘痛代價。

有些人天生喜歡大排場、大氣派，不論什麼事情都要搞得十分盛大，不達目的絕不罷休。如果讓這樣子的人做自己的上司，屬下可能會受不了；而萬一這樣子的人做了領導者，大權在握，常常會造成無可彌補的禍事。

不要以爲這不過是個小小的「缺點」，當一個人掌握權柄，隨心所欲地將下屬或人民的勞力與血汗，耗費在沒有實際效用的「排場」與「門面」的時候，對整個團體或組織一定會造成非常大的傷害。

越王勾踐被吳王夫差打敗，回到國內以後，不甘心失敗所帶來的屈辱，始終想著如何對付吳王。

勾踐身邊有一個良臣名叫文種，認爲弱小的國家要想打敗強國，硬攻是不可行的，因而建議勾踐採取投其所好的策略，並且提出了「七術」，其中包括美人計和選良材、巧匠，誘使夫差建造宮殿。

勾踐親自深入民間，挑選出了一批美人，然後派人將他們送給了吳王。其中有兩個絕色美人西施和鄭旦深得吳王寵愛。

兩位美人肩負復國重任，極盡媚惑之能事，玩弄吳王於股掌之間；不久，吳王爲了討兩位美人的歡心，便讓手下的官員爲他準備材料，要爲西施和鄭旦建造長樂宮和姑蘇台。

文種得到這一消息後，認爲是一個極好的機會，立即向勾踐獻計說：「夫差準備建造長樂宮和姑蘇台，一定需要大量的上好木材，我們可以從國內挑選最好的木材獻給他，我猜想他一定會接受。」

勾踐採納了這個計策，派出木工數千人到各地去尋找特大的木材。木工們跋山涉水，花了近一年的時間，終於發現了一棵粗二十尺、高四百尺的大樹，立即報告勾踐。

勾踐隨即親自前往，擺下祭壇，一番祭祀之後，才將大樹砍伐。又讓木匠們精心雕刻，還在上面繪製了五彩龍紋，然後派文種專程送往吳國。

吳王從來沒有見過這麼大的木材，也沒見過如此精美的製作，高興得眉開眼笑、手舞足蹈，當場決定用它來建造供他和美人玩樂的姑蘇台。

後來，吳王夫差在國內大興土木，還招來成千上萬的百姓日夜勞作，動用了大量的國家資產，致使國庫空虛民不聊生，終於引發了民眾的強烈不滿。

勾踐十年臥薪嚐膽，最後終於戰勝了強大的吳國。

文種顯然非常了解吳王好大喜功、不體民情的性格缺點，因此送給吳王良木、美女與巧匠，就是打算讓他大興土木、耗費國力，以招來民怨。

當領導者將團體或組織的資源與人力消耗在個人喜好上面的時候，必定會受到被管理者的指責。

這是因爲領導人理應促進整體的利益與進步，當「好大喜功」的目標無利於實際的團體利益時，身爲領導者便應該思考：「我這樣做應該嗎？這是爲了我自己的喜好，還是爲了大家著想？」

如果領導人沒有辦法反省這一點，在這個講求自由競爭的民主時代，勢必遭到淘汰，付出慘痛代價的速度將比過去的威權時代更爲迅速。因此，大權在握的時候，特別需要深思！

PART 7.

不知變通，不可能成功

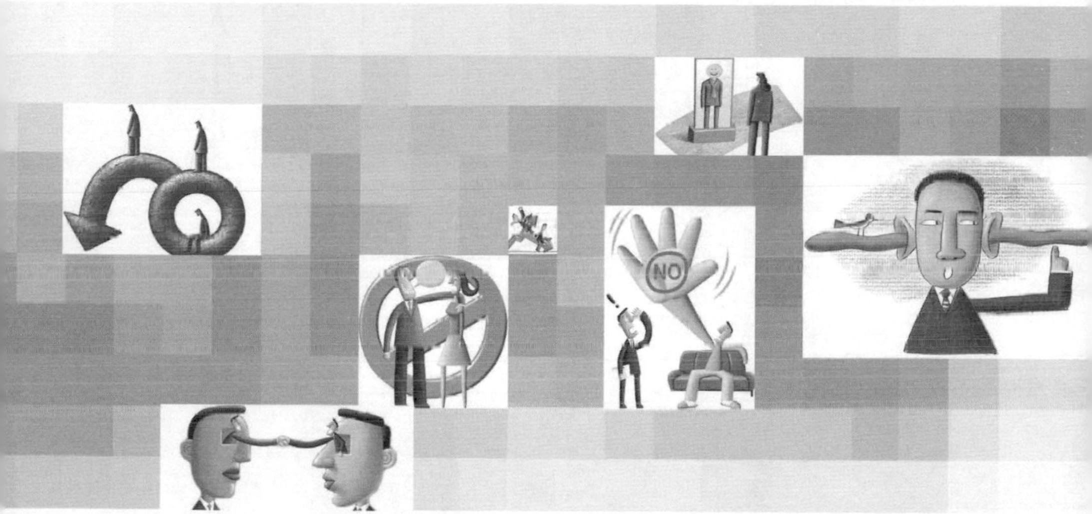

法理之外還得懂得一些人情世故，才能讓制度施行得更順暢。別將自己侷限於「規範」之中，忽視了現實的狀況。

用點心機，人生才不會老是「當機」

與人相處的時候，多一點保留和警戒心，不要輕易說出真心話，是一種保護自己也保護別人的方式。

英國政治哲學家、經驗主義開創人洛克曾經寫道：「一個人可以沒有心機，但絕不能不懂得看時機。」

因爲，沒有心機的人，或許可以稱作忠厚老實；但是，要是沒有心機，又不會看時機調整做人做事的方向，就是一個不懂得變通的蠢蛋，只會讓自己的人生頻頻「當機」。

有個連鎖的補教業，聘請多位老師。這些老師除了指導學生的課業之外，還必須負起招生的責任，因此，老師與老師之間形成一種無形的比賽，誰能留住最多學生，誰就有機會升等、加薪。

到了招生季時，所有老師卯起勁猛拉學生。在休息時間，B老師突然和A老師攀談起來，說著說著，抱怨起公司的型態，A老師安慰了他，並且告訴他自己的看法。沒想到隔了幾天，補習班主任突然將A老師找了過去，並指責他散佈對補習班不利的消息。

這時，A老師才發現，原來B老師將自己安慰他的話加以扭曲，並到處傳播，不但毀損了他的形象，還搶走了他的學生！

馬克·吐溫在已經進入禁止漁獵的季節裡，前去緬因州的森林釣了三個星期的魚，可說是滿載而歸。在回程的火車上，無聊的他和坐在隔壁的陌生人聊天，不斷向陌生人誇耀自己這次的釣魚之行。

起初，陌生人有一句沒一句地應對著，後來愈聽臉色愈不對勁，到最後還板起了臉孔。馬克．吐溫見狀感覺到有些奇怪，便問道：「冒昧請教，您是從事什麼行業的？」

「緬因州的漁獵監督官。」馬克．吐溫一聽差點把含在嘴裡的雪茄嚥下去。那人接著又問：「你是什麼人？」

「天啊！我告訴您實話吧，長官，」馬克．吐溫急忙改口說：「我是全美國最會說謊的人。」

英國大作家狄更斯也有類似的經歷，有一次他在某條河邊釣魚，等到快睡著時，身旁突然來了一個人。

「下午好啊！先生。」那人有禮地問候：「您在釣魚嗎？」

「你也好啊！」狄更斯隨口答道：「可惜釣了老半天，連一條魚也沒釣到。可是我昨天也是在這個地方，釣了十幾條魚啊！」

那人聽完回答後笑了笑，又說：「眞是遺憾啊！先生，您知道我是幹什麼的嗎？」他從口袋掏出一本簿子，「我是專門查辦在這條河上釣魚的人。」說完便提筆打算對狄更斯開罰單。

見到這樣的突發狀況，狄更斯連忙反問：「那麼，先生，你知道我是做什麼的嗎？」沒等對方回答，又接著說：「我是一個作家，虛構故事就是我的本業。這樣你明白了嗎？剛才的話，完全是虛構的。」

你必須具備的應對智慧

外交家、實業家兼慈善家沃爾夫曾經說過：「一個再沒有心機城府的人，也要懂得如何察言觀色。」

因爲，察言觀色不僅可以讓自己從對方的表情和言行，提早知道對方心中在想什麼，進而預設自己下一步該如何與對方互動，更可以在危急的情況下，避免讓自己陷於更不利的境地。

與陌生人交談時要特別注意談話的內容，尤其是主動攀談、看起來坦率的人，通常是別有目的。馬克·吐溫和狄更斯隨機應變的幽默，讓他們免除了一張罰單，但是，若他們在說話前能夠多一點心機，先考慮到「違法釣魚」的問題，就不會輕易將「違規事件」洩底了。

人生就是戰場，不只是陌生人，就算是交情不錯的朋友，也有可能隨時扯你後腿，誰也不能保證親密夥伴沒有背叛自己的一天。因此，與人坦率相對時也要有所保留，爲了避免被陷害的人際風險，即使是面對再親密的人，也不能毫無保留地掏出所有眞心話。

每個人都應該要保有自己的「秘密」，雖然不用到草木皆兵的地步，但是防人之心不可無。與人相處的時候，多一點保留態度和警戒心，不要輕易說出眞心話，是一種保護自己也保護別人的方式。做人不可以沒有心機，也一定要會看時機；在知識經濟的時代，想要比別人快一步成功，做事就要更懂得變通。

可以不介意，但是一定要注意

對於自己的傳聞可以「不介意」，但是一定要「注意」。在需要的時候做適當的處理，讓它在自己可以控制的範圍內。

小王最近發現一進辦公室，就有一堆奇怪的眼光直盯著自己，原本和自己交情不錯的同事，態度也比以往冷漠許多。甚至原本是自己負責的企劃案，竟臨時被主管取消。

摸不著頭緒的小王，感到非常挫折。他根本不知道有個不利於自己的傳言，正在公司裡四處傳播，因而不論公司內的人相不相信這則謠言，心裡多多少少都受到了影響。

從街頭巷尾到公司行號，八卦、傳聞往往是人們的最愛，也以不同形式存在於我們的周遭。它是「隱形殺手」，不小心多挨它幾刀，就會因爲流血過多而死亡，一定要特別留意。

人性本來就很詐

弗拉基米爾·馬雅可夫斯基是二十世紀第一位將自己的才華獻給社會主義十月革命的蘇聯詩人。

一九一七年的某一天，他走在聖彼得堡的涅夫斯基大街上，悠閒地享受迎面吹來的微風。走到轉角處時，發現前面不知爲什麼圍了一群人，阻擋了通道。

他走上前一探究竟，沒想到才剛靠近，就聽見自己的名字不斷被提起。好奇的他佇立觀看，見到有個頭戴小帽、手提包包的女人站在人群中央，正用最荒謬的謠言在汙衊、中傷自己。

突然，馬雅可夫斯基穿過人群，衝到這個女人跟前大喊：「抓住她，她昨天把我的錢包偷走了！」

那女人聽了這項指控，驚慌失措地說：「你在胡說些什麼？你搞錯了吧，我根本不認識你！」

但馬雅可夫斯基態度篤定，堅持說：「沒錯，我絕對沒有認錯人。就是妳偷走了我的二十五盧布。」

人群開始鼓譟不安、議論紛紛，甚至有人嘲笑那個女人，並漸漸四散離去。當所有人都走光的時候，那女人一把眼淚一把鼻涕地對馬雅可夫斯基說道：「我的上帝，您瞧瞧我吧，我可真是頭一回看見您呀！」

馬雅可夫斯基答道：「可不是嗎？太太，妳才頭一回看見馬雅可夫斯基，就可以毫無根據地批評他！我勸妳回家的時候，可別拿自己的傭人出氣啊。」

你必須具備的應對智慧

人們很容易對自己不了解的事物輕易下判斷，甚至說得頭頭是道。就如同批評馬雅可夫斯基的那位太太，甚至連他是誰都不曾看過。

對於這樣的情況，能言善辯又風趣幽默的馬雅可夫斯基選擇正面反擊，以杜絕類似的不實謠言再度傳開。

對於自己的傳聞可以「不介意」，但是一定要「注意」。至少必須了解傳聞的根源，明白是誰說出來的，以及用意何在，並在需要的時候做適當的處理，讓謠傳維持在自己可以控制的範圍內。

對於自己的謠言太過在意，會影響自己的情緒，因而在謠言並不傷大雅的情況下，可以當做沒這回事。但是，危及個人利益及人格的傳聞，就應該追查得愈清楚愈好，最好盡早澄清，必要時也要適度反擊，才可以避免對方用惡意的訊息傷害自己。

評估人心，不要掉以輕心

評估人心的時候，審視他人的眼光要更為謹慎、銳利，眼光放遠，不能把一時的言論與行動當做唯一的評價指標。

美國大作家愛默生曾說：「成功者並非比失敗者有腦筋，只不過他們比失敗者多了一點心機。」

的確，在人性的這條高速公路上，「心機」絕對是讓你避免受重傷的「安全氣囊」，無論你的本事多高強，做人做事最好還是要有點心機，才不會在關鍵時刻，出現要命的「當機」！

我們永遠不知道別人的心裡究竟在想什麼，爲了提防對方使詐，做人要多一點心機，做事要多一點心計。

越工於心計的人，越擅長隱藏心中眞正的想法，越厲害的人就藏得越深、越久，評估他人時千萬不能掉以輕心。

人性本來就很詐

俾斯麥三十五歲時擔任普魯士國會的代議士，這一年是他政治生涯的轉捩點。當時，奧地利是普魯士南方強大的鄰國，曾經威脅德國如果企圖統一，奧地利就會出兵干預。

俾斯麥一生都在追求普魯士的強盛，夢想打敗奧地利，統一德國。他是個熱血沸騰的愛國志士和好戰分子，最著名的一句話就是：「要解決這個時代的問題不能依靠演說和決心，而是要靠鐵和血。」

但是令所有人驚訝的是，這樣一個好戰分子居然在國會上主張與鄰國保持和平。他當時發言說：「對於戰爭後果沒有清楚的認識卻執意發動戰爭的政客，請自己上戰場赴死吧！戰爭結束後，你們是否有勇氣承擔農民面對農田化爲灰燼的痛苦？

是否有勇氣承受人民身體殘疾、妻離子散的悲傷？」

在國會上，他盛讚奧地利，爲奧地利的行動辯護，與他一向的立場背道而馳。

最後，因爲俾斯麥的堅持，終於避免了一場戰爭。

幾個星期後，國王感謝俾斯麥爲和平發言，委任他爲內閣大臣。可是，過了幾年之後，俾斯麥成爲普魯士的首相，終於施行鐵血政策，對奧地利宣戰並統一了德國。

你必須具備的應對智慧

既然「鐵血宰相」俾斯麥從未忘記過德國的統一，又爲什麼會在國會上發表那樣的違心之論呢？

這是因爲他所追求的不是一時的口舌之快，而是要一步步將權力握在手中，如此才能實踐自己的夢想，發動統一戰爭。

爲了要成爲普魯士宰相，爲了避免國力薄弱的時候和奧地利正面衝突，無論如何都必須隱忍，一時的謊言又算得了什麼呢？

不過，從俾斯麥的這則故事，我們也了解，評估人心的時候千萬不要掉以輕心，審視他人的眼光要更爲謹愼、銳利，像俾斯麥這樣城府甚深的人，不可能將他眞正的企圖般地輕易顯露出來。

做人做事要把眼光放遠，看人要看到骨子裡，不能把一時的言論與行動當做唯一的評價指標，要注意這個人是否說一套、做一套，舉止與言論是否前後不一，這才是應該關注的重點。

越有權謀計略的人，越是擅於隱藏自己的眞心，看完俾斯麥的故事後，我們應該更明瞭這點，往後在評估他人行爲與言論時，更要加倍謹愼。

逆向操作會有意想不到的效果

在這個媒體與廣告不停地宣傳自己的產品有多優秀傑出的時代中，「逆向操作」有時正是出奇制勝的妙招！

在這個世界上，每個人都在追求最新、最快、最好的事物，並且深信只有追求到這些，才能獲得成功。

不過，不知你是否曾逆向思考過，有時候最壞、最差的東西，說不定也有創造利潤的獨特價值呢！

當吉姆．麥凱布結束了他身爲心理學家的工作之後，決定和擔任辯護律師的妻子一起開創一項新的事業。

麥凱布喜歡看電影，因此，開一家錄影帶出租店便成了第一選擇。

他們所在的地區大部分商店都有出租電影錄影帶的業務，而且大都出租奧斯卡獲獎電影及世界各地的優秀影片。

吉姆夫妻心裡頓時有了底。當他們的「錄影帶天地」開張時，除了在櫃台上擺放了常見的好萊塢電影外，還儲備了許多稀奇古怪的電影，並打出了「保證供應城內最糟糕電影」的宣傳廣告招牌。

結果，生意出奇的好，顧客蜂擁而來，紛紛來租電影院不願上演的電影，並且指定要看那些「最難看的電影」。

隨後，夫妻二人又開闢一項新業務，通過免費服務電話向全美民衆出租「最糟電影」錄影帶，一年的營業額竟然達到五十萬美元之譜！

什麼，竟然會有人想花錢看明知道很糟糕的電影？這個讓人懷疑的主意聽起來是不是十分離譜呢？

其實不盡然，人都有好奇心，很多人恐怕都是抱著「我就要來看看有多差勁」的心態，這才造就了麥凱布夫婦一年五十萬美元的影帶出租業績。

麥凱布的成功，就在於他掌握了人的心理，在這個媒體與廣告不停地告訴自己的產品或作品有多麼優秀、多麼傑出的時代中，只要運用得當，「逆向操作」也會是出奇制勝的妙招！

所以，沒有不能賣的商品，全要看你如何賣；沒有沒價值的東西，要看你如何去賦予它價值；其中的奧妙之處，就要靠自己的靈活頭腦去探究了。

跳出現成「位置」，活出自我價值

一個人的價值不是取決於外在地位。要有隨時可以捨棄目前位置的決心，才不會因為眷戀現狀而無法朝下一個目標前進。

玉井是一個芒果的盛產地，當地除了出產不同品種的新鮮芒果外，還有一種特產——芒果乾。那裡有一位非常知名的芒果乾專家，經過一再改良，研究出口感極佳的芒果乾。

才三十幾歲的芒果乾專家是國內第一學府的畢業生，放棄了等著他的高薪工作，回到家鄉投入芒果乾的製造行列。

一開始大家都不看好他，認爲這種傳統產業沒有太大的發展性，但是經過不斷努力，他闖出了一片天。

這個例子提醒我們，不要太執著於社會賦予的「位置」，選擇自己想做的事才是最重要的，也才能夠活出屬於自我的價值。

人性本來就很詐

第二次世界大戰結束後，有一位媒體記者問幽默作家蕭伯納：「當今世上你最崇敬的人是誰？」

蕭伯納答道：「我們能從大戰中解脫，眞是萬幸。世界文明並沒有被法西斯蹂躪和毀滅，這實在應歸功於蘇聯紅軍打敗了德國法西斯，而它的統帥就是史達林元帥。所以，我崇敬的第一個人就是史達林，是他拯救了世界文明。」

記者聽到蕭伯納把「第一個人」說得特別堅定有力，便知蕭伯納話中有話，於是接著問：「閣下崇敬的第二個人呢？」

蕭伯納回答：「第二個讓我崇敬的人，是愛因斯坦先生。因爲他提出了相對論，把科學推向另一個新的境界，爲我們開闢了無限廣闊的前景，他對人類的貢獻是無可計量的。」

見蕭伯納似乎沒有將話語結束的意思，記者又問：「那麼這世界上是不是還有閣下崇敬的第三個人呢？」

蕭伯納微笑著回答說：「至於第三個人嘛，爲了謙虛起見，請恕我不直接說出他的名字。」

《克拉瑞薩》一書作者理查遜，有一次在鄉間別墅接待一群客人。席間，一位剛從巴黎回來的紳士對他說：「恭喜你，理查遜先生。你知道我在巴黎看見什麼嗎？我看見國王弟弟的桌子上擺著一本《克拉瑞薩》。」

理查遜聽了高興極了，但是當時許多客人都在私下聊天，沒有人聽到這件「喜訊」。因此，理查遜決定暫時先不理這位紳士。

過了一會兒，直到人們安靜下來，理查遜才再度提起這個話題，問這紳士：「先生，剛才你說……」

他想讓紳士重說一遍，讓所有人都聽見。

誰知紳士對這種過分的虛榮心態十分反感，故意露出冷淡的表情說：「沒什麼。小事一樁，不值得重複再說。」

你必須具備的應對智慧

很明顯的，蕭伯納認爲當今世界上自己最崇敬的第三人，就是他自己。這是一種自信，但不白負的態度。對他而言，坐在這個「位置」上擁有一定的榮耀，但是即使失去了，他也能坦然面對。

至於理查遜則非常在意這個「位置」代表的一切價值，希望所有的人都可以注意到他，並給予一定的恭維。可是，就像那位客人所言，「位置」只不過是小事一樁罷了。

每個人在社會上，都有一個「位置」。人們在這個位置上，可以獲得某種程度的報酬，只是許多人總認爲一旦離開了這個位置，就有可能失去一切。這都是因爲，人們太習慣依賴、看重「位置」所給予的社會地位，卻忘了一個人的價值，不是取決於外在的地位。

「位置」是死的，人是活的；位置不可能永遠存在，人卻可以改變。因此，我們要有隨時可以捨棄目前位置的決心，才不會因爲過於眷戀現狀而無法朝下一個目標前進。

有人辭掉高薪工作去當個果農，有人放棄手上事業到處旅遊，現代社會裡，這樣的人遍佈各地。相較於那些想去做某件事，卻放不下眼前「位置」的人而言，他們快樂多了！

不知變通，不可能成功

法理之外還得懂得一些人情世故，才能讓制度施行得更順暢。別將自己侷限於「規範」之中，忽視了現實的狀況。

有一間知名的碗粿專賣店，標明只要點一碗碗粿和一碗魚羹，就附贈一杯飲料。這天，有一位客人點了兩碗魚羹，但老闆卻沒有附上飲料。他疑惑地問老闆，碗粿和魚羹都是同樣的價錢，爲什麼沒有附飲料？只見老闆一臉堅持地說：「一定要點『一碗碗粿』和『一碗魚羹』才能附飲料。」

一杯飲料或許不怎麼貴重，但是卻關係著消費者的感受。若是固守規則，不知變通，就會留給顧客不通人情的印象，客人大概也不會再度光臨了。

同樣的道理，在這個知識經濟的時代，太過死腦筋、不知變通的人，是無法提升自己的競爭力的。

人性本來就很詐

趙國有個人名字叫成楊月，是個知書達禮的讀書人。有一天，他家屋頂上用來防曬的茅草因爲過於乾燥而失火，眼看再不救火就要延燒到主屋，可是又沒有梯子可以爬上去滅火，所以父親要成楊月立刻到隔壁鄰居家借梯子。

成楊月馬上回到房間換了一身整齊乾淨的服飾，還坐在桌前寫了一封拜帖，而後才斯斯文文地走出家門。

來到友人奔水氏家中，他將拜帖交給門房，然後耐心地在前廳等待。

過了一會兒，主人出來了，成楊月站起身來彬彬有禮地連作了三個揖，然後跟隨主人緩步進入內室。

主人是個好客之人，馬上吩咐下人設宴款待，要他一定得留下來用膳。兩人互說著客套話，成楊月慢慢地品著酒，又頻頻舉杯回敬主人。喝完酒後，主人問他：

「今日成楊兄大駕光臨，是否有什麼要事前來指教呢？」

成楊月這才拱手說明來意：「火神降災寒舍，烈焰竄燒，想要上房灑水，無奈身無飛翼，一家唯有望大火號嚎。聽聞府上有登高梯子，特來相借。」

奔水先生一聽大爲吃驚，趕忙站起身跺著腳說：「哎呀，你怎麼不早說呢！快，回去救火！」說罷，連忙扛著梯子，扯著成陽月奔出門。

無奈，當趕到成陽家一看，房屋早已化爲灰燼了。

你必須具備的應對智慧

迂腐、侷限於禮節的規範，讓成楊月錯失了救火的黃金時間。雖然這個故事有些誇張，但是現實生活中卻存在不少這樣的人。

不管是學校、公司、社會到整個國家，都有一定的制度存在。制度的設定，是爲了讓工作更加順暢、生活更加美好。但是，若因爲這些制度而讓自己行事綁手綁腳，遵守制度就變成本末倒置的行爲。

諸如此類的情況，常常發生在基層員工和工讀生身上，或許因爲自身權力不夠，才會發生這類事情。然而，絕大部分的情況，都是他們不知變通或者根本就懶得變通，因爲他們認爲自己再用心，薪水也不會比較多，何必多此一舉，不如直接拒絕多餘的要求還省得麻煩。

這樣一來，就常發生只知遵守規定而忽略實際狀況的現象。

沒心機，也要會看時機，在法理之外還得懂得一些人情世故，並善加應用，只有這樣才能讓制度施行得更順暢。

在日常生活中，也要學會山不轉路轉、路不轉人轉的精神，別將自己侷限於「規範」之中，而忽視了現實的狀況。

情報的保護是成功的第一步

訊息的運用與流通非常重要，如何保密是項重大挑戰。大至整個世界，小至個人，只要保不住機密，就註定要失敗。

電影〈獵風行動〉中，美國的原住民納瓦荷族在戰爭中扮演關鍵的角色。他們的重要之處並不止於驍勇善戰，最重要的是軍事機密就是由複雜的納瓦荷族語言設計而成。他們又被稱爲納瓦荷密碼兵，是日軍要活捉的重要對象，因此在戰爭中，這批通訊兵通常會受到多一層的保護。

在知識經濟的時代，資訊、技術就是生產力和競爭力，只要推陳出新的速度稍微慢了一步，就可能從市場上被排擠掉。因此，竊取敵手的機密就成爲一種提升競爭力的常見非法手段。

有一天，一個年輕的理髮師被召進王宮，替皇帝特拉揚理髮。

理髮師非常擔憂，因爲聽說皇帝對理髮師極爲挑剔，所有曾經替皇帝理過頭髮的人，從來沒有活著回去過。

入宮後，理髮師被帶進一個非常隱密的房間，皇帝正戴著一頂大帽子坐在位置上等他。理髮師戰戰兢兢地揭開皇帝的大帽子，忍不住倒抽了一口氣，原來，皇帝長著一對驢耳朵。皇帝厲聲問他見到了什麼，他馬上鎮定地回答：「陛下，我什麼也沒有看見呀！」

理完髮後，皇帝很滿意地賞給他十二個金幣，並要他以後單獨一人進宮爲自己理髮。人們見年輕的理髮師活著回來，都非常驚訝地問他爲皇帝理髮的經過。年輕人只說皇帝對他的技術很滿意，隻字不敢提到皇帝的耳朵。

之後，年輕人每次進宮，都得到皇帝的賞賜。但皇帝越是喜歡他，他越是感到痛苦，因爲他心中有一個不能講出來的大秘密。

後來，他實在無法忍受這種折磨，便悄悄在曠野上挖個深坑，把頭伸進去，連說三聲：「皇帝有對驢耳朵！」說完，立即將坑塡平。頓時，他感到如釋重負，渾身非常舒服。

過了不久，這個坑洞上長出一棵大樹。有個牧羊的孩子經過時，隨手折下一根樹枝做成木笛，沒想到木笛卻發出「皇帝有對驢耳朵」的聲音。這個神奇的事情，就這樣一傳十、十傳百，一下子便傳遍了全國。

皇帝得知這個消息後，氣得暴跳如雷，認爲年輕的理髮師洩漏了秘密，打算殺了他。年輕理髮師害怕得不停求饒，並將事情經過如實稟報。

皇帝爲了查證他的話，就親自來到那棵大樹下，命令侍衛折根樹枝做成木笛吹奏，誰知他一吹木笛，笛孔果然飄出「皇帝有對驢耳朵」的聲響。

皇帝一聽，氣得兩眼一翻，倒在地上死！

年輕的理髮師以爲將秘密說進坑裡，就不會有人發現，沒想到最後竟然長出會洩密的樹。這也告誡我們，重要情報是不能任意洩漏的，因爲再怎麼嚴密防範，總有疏忽之處。

保密對人而言是一件艱苦的責任，在這個責任背後，關係著許多人的未來，絕不可以因爲一時的疏忽而洩漏出去。

況且，重要的情報除非是透過特定的傳送管道，否則不可能會自動傳達出去，因而消息一旦傳開，有直接關係的人一定脫不了責任。

訊息的運用與流通非常重要，如何保密也是國家與企業的重大挑戰。大至整個世界，小至個人，只要機密保不住，就註定要失敗。

控制慾望，才不會輕易上當

人們多半是貪圖享受的時候，最容易受騙上當。所以要壓抑自己的慾望，不要成為野狼眼中的大肥羊。

格林童話〈大野狼和七隻小羊〉的故事中，野狼用盡辦法，終於讓小羊們相信牠就是媽媽。爲了讓聲音變細，大野狼吞了一根粉筆，還在腳上沾麵粉，好掩飾灰色的狼腳，小羊們就在這些「美化」的過程中，中計上當。

好話人人愛聽，對自己有利的話，更是不會放過。許多成功的推銷員，就是熟諳此道，才有辦法創造佳績。於是現今社會，產品的好壞已經不是重點，推銷的能力才是首要條件。

但是，倘若我們無法判斷「美言」的眞實性，甚至輕易陶醉其中，就容易成爲「野狼」的下手目標。

有隻狐狸不小心掉進獵人設的陷阱裡，想盡辦法、用盡力氣，卻怎麼也跳不出來，正當牠在坑底喘氣時，一頭四處找水喝的山羊正好經過陷阱邊。四處張望的山羊看見了狐狸，關心地問：「你怎麼會掉到裡面去的？不趕快想辦法逃出來就糟了！」

狐狸一見機會來了，就裝出一副悠閒自在的樣子說：「誰說我是掉下來的？我在草原那裡熱得口乾舌燥，才來這兒避暑的。瞧，在這裡又涼快又舒適，泉水冰涼甘甜，青草鮮嫩多汁。這麼好的地方，幹嘛要出去呢？況且在這麼熱的天裡，獵人是不會到這裡活受罪的。」

渴到頭昏眼花、腦袋不清不楚的山羊一聽狐狸的描述，彷彿感覺到坑裡眞的有股涼爽之氣飄上來，巴不得立即跳下去，便問道：「狐兄，我渴得要死啦，能讓我下去喝幾口泉水嗎？」

狐狸故作爲難地說：「這……這裡並不怎麼寬敞，多了你一個，會擁擠許多。好吧！看在多年老朋友的份上，就和你一同分享吧！不過，你千萬不要告訴別人，否則大家都爭先恐後要進來，我們就無法獨享這個美好的地方了。」

狐狸的話還沒說完，山羊就迫不及待地跳下去。狐狸馬上把握時機，立即爬到山羊的背上，猛地縱身一躍，跳出坑口。

當牠安穩地站在洞口旁時，回頭對山羊笑道：「愚蠢的傢伙，這份清福讓你獨享吧，再見！」

說罷，狐狸就一溜煙跑走了，完全無視山羊的求救。

你必須具備的應對智慧

狐狸的狡詐之處，就是能看透山羊的解渴慾望，再加上冷靜的神情、高深的演技，成功讓山羊相信自己是在坑裡「度假」。在山羊意圖「共享」洞坑的時候，還不忘猶豫一番，才故作大方地假裝願意分享，以鬆懈山羊的戒備心。

好話人人愛聽，也因此，要害一個人最好的方法不是攻擊他，反而是要讚美、利誘他。人在讚美中容易放鬆警戒，利誘則可引出人性貪婪的一面。只要著了此道之人，再普通簡單的騙局也能輕易成功。

會輕易上當，或許是因爲涉世未深、過於單純，無法辨別眞假善惡；至於絕大多數騙局能夠成功的原因，都在於受害者的貪念。

人們多半是在希望能圖個方便、貪人錢財、貪圖享受的時候，最容易聽信那些花言巧語，進而受騙上當。

只要瞄準人性的弱點，詐騙集團永遠不怕沒有人上鉤。所以，要壓抑自己的慾望，不要成爲野狼眼中的大肥羊。

PART 8.

累積實力，才能增強競爭力

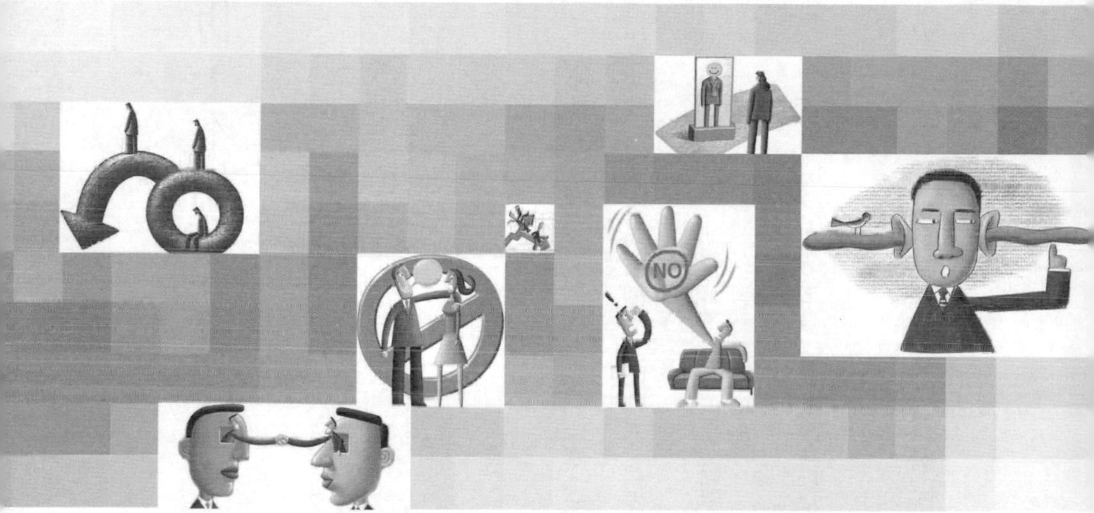

日新月異的時代，我們需要更敏銳的觀察力，
以及不斷充實自己、主動學習的心，才能加強
自己的競爭力，持續向前邁進。

與其一味模仿，不如多動點腦

想要擁有比別人更多的競爭力，就必須擁有他人所沒有的能力。與其一味模仿，不如多動點腦、多用點心。

一道數學題目可以用兩種方式解決，一種是直接套公式計算，另一種則是從原理解析，了解爲何要這樣演練。使用第一種解法的人，可能在問題換個形式、設個陷阱之後，就會束手無策；而懂得第二種解法的人，對於各式各樣的問題，都有辦法迎刃而解。

現今的社會，只想套公式的情況太多了。不僅僅在教育上如此，商場上、職場上也處處可見這類情況。

會與不會的差別，不在於答案正確與否，而是對過程的了解。一件大家都能做的事，不一定人人能做好，有時候懂得多，不如懂得徹底。

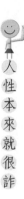

人性本來就很詐

著名科學家愛因斯坦在研究「相對論」期間，經常去各大學進行關於「相對論」的演講。某天，司機在前往會場的途中對他說：「你這篇演講稿，我聽了不下三十次，都可以倒背如流了。」

「既然如此，我就給你一次機會吧。」停了一會兒，愛因斯坦接著說：「接下來要去的這所學校，人們還不認識我。到了那兒之後，我們互換身分，你用我的名字自我介紹，代替我上去演講吧。」

司機果然發表了一場非常精采的「相對論」演說，當他正要離開時，一位教授攔住他，向他提出了一個充滿數學公式的複雜問題。

司機當然不會，但是他十分鎮定地思忖了一會兒，對教授說：「這個問題的答案實在太簡單了，你居然提這麼簡單的問題，眞使我感到驚訝。爲了證實這問題是多麼簡單，我可以叫我的司機來回答。」

福特公司有一台大型機器故障，公司裡所有工程師花了兩三個月的時間，仍然找不出哪裡有問題。不得已的情況下，只好請專家斯泰因梅茨前來處理。

敬業的斯泰因梅茨在這台大型機器旁邊搭了帳篷，整整檢查了兩個晝夜，仔細地聆聽機器發出的聲音，反覆進行各種計算，最後還爬上梯子，上上下下測量了一番。

第三天，他用粉筆在這台機器的某個地方劃了條線做記號，對福特公司的經理說：「打開機殼，把做記號地方的線圈減少十六圈，故障就可排除了。」

工程師們半信半疑地照辦，結果機器正常運轉，每個人都大爲佩服。事後，斯泰因梅茨向福特公司索取了一萬美金的修理費。眼紅的人見了嫉妒地說：「畫一條線就要一萬美金，這簡直是勒索。」

斯泰因梅茨聽到了，微笑地提筆在付款單上寫道：「用粉筆畫一條線，一美元；知道在哪裡畫線，九千九百九十九美元！」

愛因斯坦的司機雖然有辦法發表精采的「相對論」，卻無法做進一步的解答；斯泰因梅茨對於機器的了解，不僅是表面的維修，更能找到問題的癥結點。

賣創意、賣技術，已經成爲時代的趨勢。如果沒有比別人特殊的地方，就無法勝出。如同早期興盛的美工排版印刷業已日漸沒落，因爲電腦的普及，軟體使用簡便化，人人都可以自己動手設計。因此，能生存下來的，都是專業、有風格、具美感的設計，才足以滿足客戶的需求。

我們也常見到許多食品風靡一時，一堆後知後覺的人想分一杯羹，紛紛開設同樣的店，然而最終眞正賺到錢的，只有開創者或能變化出不同花樣的人。

想要擁有比別人更多的競爭力，就必須擁有他人所沒有的能力。與其一味模仿，不如多動點腦、多用點心，開發一塊屬於自己的處女地。

在不同之中尋找認同

每一個人都有自己的慾望和嗜好，若能有效掌握這些不同的地方，必將享有一個精采萬分的人生。

在一個班級裡，有兩個同樣調皮搗蛋的孩子，但若光用同一套方法來應付，是無法發揮同樣效果的，必須要了解他們行爲背後的原因，才能對症下藥。

A君是個常被忽略的小孩，大吵大鬧的原因，是希望能得到多一點的關懷；B君則天生好動，自信又活潑，是班上的搗蛋鬼。面對這情況，經驗豐富的老師就會採取不同的方法解決。

對於A君，老師時常私底下約談，多多給予關懷和鼓勵，並不定時在全班面前誇獎他的優點，也常請他幫些小忙，例如負責跑跑腿之類的任務，讓他感覺自己的存在是很有價值的。

至於B君，老師則請他擔任班上的領導人物，例如班長或風紀股長。一方面利用他的影響力來帶領班級，另一方面擔任重任的他，對自己也會有所約束，同時還可以滿足他表現自我的慾望。

只要用對方法，便讓班上少了兩個小麻煩，多了兩枚寶貝蛋。

人性本來就很詐

雖然美國是志願兵制，卻不擔心缺乏兵源。原來，美國軍方早在第一次世界大戰時就請心理學家想好了一番撫慰人心的話，這種招兵詞比講大道理還有用。他們是這樣勸人當兵的：

如果打的是傳統式戰爭，不用擔心你當了兵就一定會死。

當了兵有兩種可能，一個是留在後方，一個是送到前線，如果留在後方，當然就沒有什麼好擔心的。

送到前線又有兩種可能，一個是受傷，一個是沒受傷，沒有受傷就不用擔心。受傷的話也有兩個可能，一個是輕傷，一個是重傷，輕傷並不必擔心。重傷的話也有兩個可能，一個是能治好的，一個是治不好的，能治好的更不必擔心。治不好的話也有兩個結果，一個不會死，一個會死。

不會死當然不用擔心，會死的話……都已經死了，還有什麼好擔心的？

有一艘船坐滿了來自不同國家的商人，一起分享從商的經驗。突然，船底破了一個洞，海水不斷湧進，再不離開船就要沉了。船長於是命令大副：「去告訴所有乘客穿上救生衣跳到海裡。」

其他乘客都已經往海裡跳了，就只有搞不清楚狀況的商人們不肯照指示去做，大副爲難地向船長報告情況。

「你來接管這裡，我過去看看。」船長說完就朝商人走去。

過沒多久船長回來了，商人們也一個個往海裡跳。

「您是怎樣讓他們願意跳海的？」大副驚訝地問道。

「我運用了心理學裡頭的說服技巧。我對英國人說，這是一項體育鍛鍊，於是他就跳下去了。對法國人說，這是一件很瀟灑的事；對德國人說，這是命令；對義大利人說，這不是被基督禁止的；對蘇聯人說，這是革命行動……。他們聽完就一個個往下跳了。」

「那您是怎麼讓美國人跳下去的呢？」

「我對他說，他是保過險的。」

你必須具備的應對智慧

紐約著名律師列脫爾頓曾經這麼說過：「當我們的說詞無法使交談的對象感到興趣，或不能說服他們的時候，這大概是因為我們不能從對方的觀點去考慮這個問題的緣故。」

上戰場最大的恐懼就是死亡，既然這是個大家心知肚明的實情，就不該刻意掩飾。況且，如果死亡已經是最後的選擇，那麼死亡也就沒什麼好擔心的了。抱著這樣的想法，反而能讓人坦然面對上戰場的心理障礙。

至於不同國籍、不同風俗習慣的商人們，所在意的事情自然也不同。能洞悉他們的眞實意志，就可以藉由這個「要點」一一擊破對方心防，突破內心的障礙，讓他們順著自己的「心意」，所作所爲都符合自己的希望。

每一個人，不管是男人或女人、老的或少的，都有自己的慾望和嗜好。即便是同卵雙胞胎，也擁有兩種不同的面貌，不能一概而論。

正因爲如此，這個世界才有這樣多元豐富的面貌。若能放寬心胸欣賞、包容一切，進而有效掌握這些不同的地方，必將享有一個精采萬分的人生。

累積實力，才能增強競爭力

日新月異的時代，我們需要更敏銳的觀察力，以及不斷充實自己、主動學習的心，才能加強自己的競爭力，持續向前邁進。

能夠成就一番事業的人，未必都有顯赫的出身、高超的學歷，有許多白手起家的成功者，都是憑藉後天的努力，逐漸累積經驗與實力的人。

要在自己所屬的領域擁有一片天空，最重要的是要不斷充實自己、驅策自己向前，不論身在什麼行業、做什麼事情，這都是非常重要的。

齊瓦波出生在美國農村，只受過很短的學校教育。十五歲那年，家中一貧如洗的他來到一個山村做馬伕。

三年後，齊瓦波在鋼鐵大王卡內基所屬的一個建築工地打工。有一天晚上，同伴們都聚在一起閒聊，唯獨齊瓦波躲在角落裡看書。那天公司經理正好到工地檢查工作，看了看齊瓦波手中的書，又翻了翻他的筆記本，什麼也沒有說就走了。第二天，公司經理把齊瓦波叫到辦公室，好奇地問他說：「你爲什麼想要學那些東西呢？」

齊瓦波說：「我想，我們公司並不缺少打工的人，缺少的是既有工作經驗又有專業知識的技術人員或管理者，您說對嗎？」

經理點了點頭，不久齊瓦波就被升爲技師，並一步步升到總工程師的職位上。二十五歲那年，齊瓦波更成爲建築公司的總經理，開創了一番大事業。

回頭想想，當我們好不容易從工作崗位下了班，回到家之後，唯一想做的事，很可能就是洗完澡之後打開電視，讓自己放鬆一下，隨著電視中的人物又哭又笑幾個小時，然後結束辛苦的一天……這應該是許多人再熟悉不過的「每日行程」吧！

就像齊瓦波的同事們一樣，我們可能都欠缺了一顆向上的心，離開了學校之後，我們當中又有多少人會想再充實自己的知識呢？進入了公司，慢慢上軌道之後，我們當中又有多少人會想再進一步加強自己的專業呢？

齊瓦波雖然受的教育不多，第一份工作甚至是從馬伕幹起的，但他非常明白企業所需要的人才，不是隨時能被取代掉的打工者，而是具有專業素養，經驗豐富的技術人員或管理人員。因此，下了班，其他的同事們聚集閒聊的時候，他當然不會放過這個充實自己的機會，最終才能成就一番事業。

在這個日新月異的時代，我們需要更敏銳的觀察力，才能清楚地察覺到自己不足的地方。更重要的是，我們需要擁有像齊瓦波一樣不斷充實自己、主動學習的心，才能加強自己的競爭力，持續向前邁進。

鬆懈是最致命的武器

一個人若長期處於安逸的環境，身心鬆懈久了，心志也會跟著縮小。因此，即使生活無虞，也要保持每天勞動的生活。

北極熊是陸地上掠食性最強的肉食動物之一，可是愛斯基摩人卻有一種不費吹灰之力，就可以輕鬆捕捉北極熊的方法。

他們將一枝用海豹血做成的血冰棒插在雪地裡，並在凝固的血冰中放一把雙刃匕首。被血腥味引來的北極熊開始舔起血冰棒，因爲冰冷舌頭漸漸麻痺，導致舌頭被鋒利的匕首劃破後仍毫無知覺。最後，北極熊因失血過多，休克暈厥了。愛斯基摩人就現身將北極熊帶走，再將牠料理成桌上佳餚。

受血冰吸引的北極熊，因爲舌頭麻痺而喪失警覺心，最後丟掉性命。由此可見，要對付敵人的最好方法，並不是把他折磨得死去活來，反而要反其道而行，先讓他嚐盡甜頭、鬆懈警覺心，失去求進步的意志力。這樣，即使一個再勇猛的壯士，也會成爲跪地求饒的弱者。

人性本來就很詐

森林裡有很多種動物，其中有一種長得小巧靈活、善於爬樹的猴類，名字叫「猱」。

猱跟老虎交情不錯，常在牠身旁跟前跟後，如此一來，自然也沒有動物敢欺負猱。猱的爪子又尖又利，只要老虎的頭皮一發癢，就會叫猱爬到自己的腦袋瓜上抓癢。每一次，老虎總是舒舒服服地閉上眼睛，享受猱爲牠搔癢。連猱慢慢地在牠的後腦勺抓出個窟窿，也完全沒感覺。

猱就這樣悄悄地把爪子伸進窟窿裡，掏出老虎的腦漿來吃。吃剩了，猱便塞到老虎的嘴裡去，討好地說：「大王，我弄到一些好吃的東西，不敢私下獨吞，特將它奉獻給您！」

老虎吃了，覺得味道很好，稱讚猱說：「你對我這麼忠心，眞不枉費我信任你。」

就這樣，老虎的腦漿就一點一滴被猱掏淨吃空。

直到有一天，老虎的頭痛得不得了，在地上不停地打滾。直到牠用腳掌往頭上一抱，才發現頭上多了一個大窟窿，氣得就要找猱算帳。猱一見老虎來了，立即逃到大樹上。老虎又痛又氣，猛吼猛跳，最後就倒地死了。

你必須具備的應對智慧

雖然喪失警覺心，讓人趁虛而入是失敗的原因之一，但卻不是主因。一個人若長期處於安逸的環境，身心鬆懈久了，心志也會跟著縮小。

因爲不再求進步，跟現實社會愈來愈脫節，即使日後想跨出一步，也會因爲內心和外在的壓力而備感沉重。於是，愈不敢出去，愈走不出去，最後只能將自己關在小小的房間裡，望著窗外的世界做白日夢。

現代的失業率這麼高，除了經濟不景氣的因素之外，更多是「心」的問題，尤其是有家裡撐腰、不怕餓死的人最爲嚴重。

雖然失業在家剛開始一定會有壓力，可是過慣了茶來伸手、飯來張口的日子，就會讓人產生惰性，只想享樂，不想勞動。

若是不工作，只要活得下去也無所謂；但是若不工作也不替自己的生活做任何安排，就是虛度生命了。

別讓自己走向北極熊和老虎的下場。陸地上最兇猛的動物，卻是如此好對付，這是由於「鬆懈」就是恐怖的致命武器。因此，別讓自己的身心因爲安逸而萎縮了，即使生活無虞，也要保持每天勞動的生活。

不怕冒險才能開拓眼界

勇敢接受挑戰。別讓自己只能每天透過玻璃看著外面的世界，卻無法感受一點點自由的空氣。

在大海裡游泳時，向遠方的地平線靠得更進，就代表回來的路程必須更賣力，但是會更有機會見識到大海的遼闊。

一般而言，具有冒險性的工作，風險相當高，大部分的人不敢輕易嘗試，因爲擔心失敗、害怕跌倒，更不願面對不如預期的結果；但相對的，一旦完成這類工作，多半能獲得較一般工作多出數倍的報酬。

選擇保險做法並非壞事，但是要想獲得某些收穫，必定得付出相對的代價。別害怕跌得太重，只有爬得高的人才有機會往下跌；在每一次的錯誤中學習經驗，經歷過這樣的過程，成功的機會也會相對增加。

人性本來就很詐

有個商人剛做完一趟生意，帶著滿滿的荷包上船，準備渡海回家鄉。他滿心歡喜地站在船邊，觀賞著遼闊的大海。誰知一個不小心，放在懷裡的荷包突然「噗通」一聲，掉進水裡。

他慌忙叫船主停船，設法把這筆鉅款撈上來。船長望著深不見底的大海，一時也不知道該如何是好。

商人難過地大哭，心想難道他所有的積蓄就這樣全沒了嗎？旁邊的乘客見狀紛紛前來關心，大家都很同情商人的遭遇，就一起商量該怎麼辦才能拿回這筆錢。

突然，一位乘客大叫：「有了！我有一個巨大的玻璃瓶，可以把你平安地送到海底去。」說著立即解開一個大包裹，取出一只特大的玻璃瓶。

他叫商人爬進裡面，然後衆人七手八腳地將一根長長的纜繩繫住瓶頸，再慢慢地將玻璃瓶放進海裡。

過了一會，船上的人問：「沉到海底了嗎？」

商人在海底答道：「到啦！到啦！」

船上的人又問：「怎麼樣？看到了錢沒有？」

商人說：「看到啦！看到啦！」

當大家正鬆了一口氣時，不料海底那個商人卻喊道：「看是看到啦，可是無法伸手去拿呀！」

你必須具備的應對智慧

成功往往差的是臨門一腳，許多人卻選擇放棄那一腳。許多努力爲夢想鋪路的人，早已做足了萬全的準備，可是到最後關頭卻無法付諸行動，可能是因爲風險太大或者沒有毅力，讓前面的努力白白浪費了。

商人爲了拾回一生的心血，都已冒險進入海中，卻沒有離開瓶口的勇氣，一生的心血最終是可望而不可及。

有機會接下難度較高的工作，就千萬別放棄，勇敢接受挑戰。

別讓自己成爲「櫥窗族」的一員，只能每天透過玻璃看著外面的世界，卻無法感受一點點自由的空氣。就像放在玻璃瓶裡的船隻模型，再怎麼華麗壯觀，也無法游向大海。

別到了最後關頭，卻因爲害怕承擔後果而緊急煞車。去冒險吧！只有跨出去的人，才能發現外界的迷人之處，才能擁有自己的天空。

鎖在木箱中的夢想不能發揮力量

呵護自己的夢想，讓它發出最美麗的光輝。當你真心渴望某樣東西時，自然會有助力出現。

曾有個廣告內容是這樣的：在一座人來人往的機場中，一位白髮蒼蒼的老婆婆面帶笑容，手中握著機票，腳邊放著一大箱行李。伴著畫面的字幕是：別讓夢想七十歲才開始。

人在年輕的時候，都不害怕做夢，大家心裡都有許多關於美好未來的夢想和願望，但是隨著歲月流逝，生活的壓力接踵而來，人們漸漸說服自己，那些夢根本不可能完成。

久而久之，夢想果真實現不了了。

有個人上山採藥，花了三天三夜的時間才將需要的藥材找齊。隔天一早，他背著一大筐藥材回家，因爲愈走愈累，就隨手撿起一根棍子拄著走。

好不容易走出森林，他正打算把這根又黑又重的臨時枴杖丟掉時，一個老婆婆看見了，就對他說：「多麼好的一根棍子啊！一個銅錢賣給我當枴杖好嗎？」

採藥人聽後仔細將棍子看了一遍，這才發現它烏黑發光，還很光滑。他想著，總有一天自己會老去，不如留下來當枴杖用，因此並沒有賣掉。

回到村子裡，一個迎面走來的獵人對他說：「多麼好的烏木啊！十個銅錢賣給我做槍托吧！」

採藥人又拿起棍子細看了一遍，發現它很結實。他想著，說不定自己將來會當獵人，這烏木可以留著爲自己做槍托，所以還是沒有賣掉。

接著，採藥人走進藥舖，將摘來的藥材攤在桌上和老醫生議價。等到價錢談妥後，老醫生突然發現那根枴杖，便對他說：「我從沒看過那麼好的沉香，一百個銅錢賣給我做藥材吧！」

採藥人再次拿起棍子認真看一遍，發現它還有一種綠瑩瑩的光澤，更肯定它是件寶貝，可以賣上更好的價錢。

經過一番討價還價後，老醫生惋惜地搖搖頭，他實在無法接受採藥人開出的價格。採藥人說：「那我要自己留下做藥材，說不定將來我會當醫生呢！」說著，就抱著沉香木走了。

回到家後，他找了一個箱子，將沉香木小心地放在裡面，上了鎖，但再也沒有打開過。此後，他既沒有拿沉香木來當枴杖，也沒有做成槍托，更沒有當成醫生，當然再也沒有人願意開出那麼高的價錢來買這根棍子。

一直到他死去，沉香木仍鎖在箱子裡。

採藥人隨手撿起的木棍，經過幾個人出價之後，才發現它是一根珍寶。

在這段過程中，採藥人也爲自己的未來定下許多目標。可是，最後他選擇將夢想安穩地鎖在箱子裡，一輩子不打開它，珍寶終究成了「廢物」，這是一件多麼可惜的事。

人生中總會有碰見「珍寶」的時候，可能是一個目標、一個心愛的對象、一位知心好友或是一個貴人，如果只讓他們成爲生命中的過客，那麼即使是「有緣人」，最後也會成爲「陌生人」。

夢想是人生中最重要的寶貝，但它脆弱得就像是泡泡一般，如果不小心呵護，在飛上天映出七彩太陽光之前，就會破滅。

呵護自己的夢想，讓它發出最美麗的光輝。當你眞心渴望某樣東西時，自然會有助力出現，只要願意打開它，然後努力實踐它。

讓缺陷成為自己的特點

完全沒有缺陷的美，令人有種不真實的感覺，讓人覺得高高在上。有一點缺陷，反而容易親近。

藝術「家」和「匠」的不同在於，一個勇於創新、大膽表達，而另一個只是走著前人已經走過的路。

創作缺乏藝術巧思，即使將作品做得盡善盡美，也只是停留在技術層面的境界，作品中沒有靈魂，這就是所謂的「匠氣」。

學習前人的經驗，能讓自己少走冤枉路，但是若走不出自己的路，只能尾隨在後，便永遠無法成爲第一。

缺陷「美」也是一種獨特的美，因爲世界上再找不到第二個一樣的。別害怕與衆不同，有時候自認爲是缺陷的東西，反而是一種優勢。

人性本來就很詐

從前有個年輕人，考上秀才後就整日東遊西蕩、不務正業，不久就把父母的遺產花個精光。眼看已經坐吃山空了，沒有店家願意讓他賒帳，他焦急得不知該如何是好。這時，他忽然想起父親留下的一批名畫，便拿到街頭去賣。

一連好幾天，都沒有人上前觀看。就在秀才即將放棄的時候，一位外地來的古董商停下了腳步，仔細地觀賞，嘴裡還不住地唸著：「眞是太美了！」

他看中一幅妙齡少女在草地上放風箏的畫，畫中的風箏像雲朵一樣在天空輕輕地飄著。古董商向秀才說自己願意出一千兩銀子買下它，並約定次日拿銀兩來取畫，秀才高興得連連道謝。

等到古董商走後，秀才便拿起畫端詳一番，想看看這幅畫究竟有什麼名貴的地方，看著看著，突然發現畫上面的風箏斷了線。因爲擔心明天被古董商看出缺陷而不買它了，秀才便打定主意要補救這幅畫。

回到家後，他拿起毛筆就在古畫上添上一根線，將少女手中的線頭跟雲端上的風箏連接起來。畫完之後，他滿意地看著自己的傑作，連聲說道：「這樣就行了，眞是完美啊！」

第二天，古董商按照約定前來取畫，當他打開畫一看，不覺失聲叫了起來：「你把畫毀了，如今一文不值啦！可惜，可惜呀！」

秀才聽了，心虛地辯解道：「這幅畫經過我精心加工，可以說是完美無缺，怎麼會是毀了呢？」

古董商冷冷一笑，說道：「這幅畫畫的就是『斷線風箏』啊，懂嗎？」

那幅畫最後當然再也賣不出去了。

你必須具備的應對智慧

在整型風大盛的年代，許多人都希望自己能擁有一張「明星臉」。但是，當每個人看起來都差不多時，就沒有所謂「美不美」的問題了。反而臉上多一顆痣、單眼皮，還更能散發出自然的美。

況且，與其擔心自己的外貌、身材，倒不如多充實一點內涵。

自己個人的特色是別人沒有的籌碼。然而大部分人追求的，就是和大家一樣就好，因爲怕異於衆人會受到排擠，跟別人做法不同會讓行事困難度增加。如此一來，你會做的事其他人也都能做到，沒有自己的特色和優勢，被淘汰的速度就會特別快。

「斷線風箏」的特色就在線「斷」得自然。完全沒有缺陷的美，反而令人有種不眞實的感覺；太完美無缺的人讓人覺得高高在上，有一點缺陷，反而容易親近。換個角度想，若一個人因爲意識到自己的種種缺失，因此對任何事都加倍努力準備，收穫最大的也會是他，那麼缺陷也就成爲一種「美」了！

PART 9.

觀察敏銳，就能擁有智慧

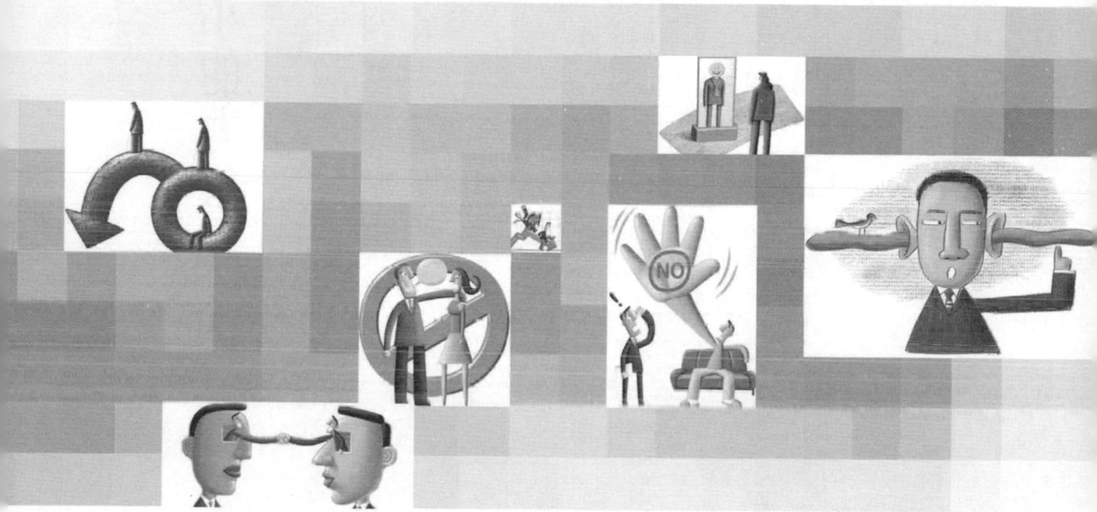

若能對人世間萬事萬物有足夠而且的觀察，我們便能看透人與物的本質，尋得最簡單，也最有效的解決方式。

不要輕忽微小的力量

猛虎難敵猴群，同樣的，獅子再凶猛再強壯，遇上了幾千隻、幾萬隻螞蟻群起攻擊，也會在幾小時內成為一堆白骨。

人類有種天生的本能，就是對於強大者充滿憧憬，並多加注視。因此，我們從小就會問父母什麼是世界上最大的動物，什麼是叢林中最強的野獸，是獅子比較厲害還是老虎。

正因爲這個特性，讓我們的眼光從來就只會在那些強權與霸者的身上停留，不論是爲他們謳歌或是向他們反抗，其中釋放出的戲劇性能量，總是緊緊地抓住了我們的眼光。

然而，我們都忘了，在這個世界上，還有另外一種更爲決定性的力量。

康熙皇帝即位時才八歲，按照當時的規矩，皇帝年幼，由顧命大臣輔政。順治皇帝臨終時指定的四個輔助小皇帝的顧命大臣之中，鰲拜最爲專權，並不把康熙放在眼裡，貪贓枉法，自行其事。

康熙五歲就會寫詩，才幹出衆。他感覺鰲拜處處與自己作對，是個心腹大患，於是及早做了準備，把一些滿洲貴族的子弟召來宮中練習武藝，並把他們收編爲自己的親信侍衛。

鰲拜看見康熙和一些孩子們在玩摔角的遊戲，並不覺得對自己有何威脅，反而認爲康熙胸無大志，只知玩耍，便放鬆了警惕。

一次鰲拜稱病，好久不來上朝，康熙探病回宮後，就把那幫孩子找來，對他們說：「大清朝已處在危急關頭，你們聽我的，還是聽鰲拜的？」

那些孩子們平時都受到皇帝的優厚對待，自然願意聽皇上的，於是，康熙設下了一個局，準備擒殺鰲拜。

康熙將鰲拜召進宮來，鰲拜不知是計，便大搖大擺地來見皇上。康熙命令那些孩子們玩摔角遊戲給鰲拜看。

孩子們玩著玩著，一個個跌打翻滾到了鰲拜身前，這個抱腿，那個抓頭，頓時將鰲拜掀翻在地。

但鰲拜倒也不是省油的燈，號稱「滿洲第一勇士」的他力大無窮，心想：「嘿！這些小鬼眞是自不量力，以爲只要幾個人來，就能勝過我？」

鰲拜猛一掙扎，那些孩子都被他絆落在地，但這些孩子們都忠於康熙，儘管敵不過鰲拜，仍死命糾纏住他不放，一個孩子的力氣小，但是五個、十個……大廳中所有的孩子都奮不顧身地往鰲拜身上撲過去。正在危急關頭，康熙拿出藏匿在袖中的匕首，一刀刺進鰲拜的胸中。

就這樣，康熙與他手下的孩子們，以團體的力量制服了滿州第一勇士鰲拜，後來康熙又一一翦除鰲拜的黨羽，自己親政。

康熙文能治國，武能安邦，平息三藩叛亂，威震華夏，在位六十年，是中國歷史上最成功的帝王之一。

你必須具備的應對智慧

康熙機關算盡扳倒鰲拜的例子提醒我們，做人做事心中一定要有些算計。

要是沒有心機，不知看時機調整行事方向，就是一個被人玩弄於股掌之中的蠢蛋，只會讓自己的人生頻頻「當機」。

鰲拜雖然勇猛雄霸天下，但最後卻栽在一群孩子的手裡！

這就是他失敗的原因：對於微小力量過分輕視。

猛虎難敵猴群，同樣的，獅子再凶猛再強壯，遇上了幾千隻、幾萬隻螞蟻群起攻擊，也會在幾小時內成爲一堆白骨。

不要看輕那些微弱的力量，要知道，一根筷子或者很容易折斷，但只要團結在一起，任誰都無法加以抵擋。

觀察敏銳，就能擁有智慧

若能對人世間萬事萬物有足夠而且的觀察，我們便能看透人與物的本質，尋得最簡單，也最有效的解決方式。

法國大文豪羅曼羅蘭曾說：「智慧，是照明我們黑夜的唯一光亮。」

不論我們過著安定的生活，或是身在危險的處境裡，智慧都能讓我們趨吉避凶，受用無窮。

人性本來就很詐

唐太宗李世民是中國歷史上的一代明君，早在他年輕的時候，就表現出解決問題的過人智慧。

隋煬帝手下一個奸臣與李淵不合，想害死李淵，於是向隋煬帝提議讓李淵在百日之內爲皇帝修建一座頗具規模的宮殿，若到時不能修好就處死李淵。

百日之內怎麼修得好一座宮殿呢？李淵明知是奸臣想藉此加害自己，可是又不敢抗旨，只能枯坐嘆息。

但他的兒子李世民卻極爲沉著地說：「這問題看起來很難辦到，但並非做不到。大宮殿無法及時完成，我們就修小宮殿，只要宮殿的格局合了皇上的心意就行。時間緊迫，我們就重金招聘能工巧匠，讓他們想辦法解決。」

李淵依計而行，不僅張貼告示，而且派人四處尋訪。能工巧匠趨之若鶩，紛紛獻計獻策，巧施本領。

果然，李淵不到百日就造好了宮殿，宮殿雖然不大，但精緻堂皇，很符合隋煬帝的意。

但不久後奸臣又進讒言，指稱百日之內不可能修好這座宮殿，這肯定是李淵早就造好了準備自用的。私造宮殿是謀反之罪，昏庸殘暴的隋煬帝大怒之下，便準備

將李淵處死。

這時，李世民向隋煬帝稟告：「這座宮殿確實是百日之內造成的，請陛下派人檢查，如果是早修好的，釘子會生銹，瓦上會生霉斑，但新修宮殿絕對不會出現這種現象。」

隋煬帝立即派人前去檢查，果然證明了宮殿是新造的，於是不但不再追究，還重賞了李淵父子。

你必須具備的應對智慧

盧梭曾寫道：「禽獸根據本能決定取捨，人類則通過算計來決定取捨。」

想在這個爾虞我詐的社會生存下去，無論如何，都必須具備一些心機，否則就容易遭到各種「病毒」攻擊，讓自己陷入危機。就算再有能力的人，也要具備一些保護自己不受傷害的心機，更要懂得把心機用在正確的時機。

敵人的言語就算利於刀劍，所設下的陷阱就算是天羅地網，只要我們能以自身的智慧加以應對，一定能尋得一條脫身之道。

而這種處世的智慧，又是由何而來的呢？

李世民知道皇帝的喜好，也明白在短暫的時間內要同時做到「大」與「好」是不可能的事情，因此他選擇了「小而精緻」的做法，成功地在時限內造出一座精緻堂皇的宮殿，滿足了隋煬帝的喜好。

而在李淵蒙受小人陷害，險些被處死之時，李世民又能用難以駁倒的自然法則，指出新的釘子不會生銹、新的瓦上不會長霉斑，戳破了敵人所織就的誣陷謊言，保全了父親的性命。

如果我們能像李世民這樣，把平日觀察與體驗的心得和諧地應用到生活上，就能擁有智慧的泉源。

若能對人世間萬事萬物有足夠而且敏銳的觀察，我們便能看透人與物的本質，尋得最簡單，也最有效的解決方式。

別被貪婪遮蔽了雙眼

當貪念出現的時候，理智很容易跟著消失。接受他人的小惠之前，記得要先思索背後是否必須付出更大的代價。

某次，捷運公司舉辦回饋活動，從搭乘次數達到某個程度的乘客中抽出幾位幸運兒，將可以免費搭乘捷運一年。

結果得獎名單公布之後，卻有三分之一的人在接獲捷運公司通知後沒有前去領獎，因爲他們以爲這又是詐騙集團的另一種招術。

「恭喜您中獎了！」是最常使用的詐騙術，利用人們的貪心，騙取領獎前必須自行負擔百分之十五的稅金；或者利用免費贈送手機門號騙得受害者的身分證字號，進行非法行爲。

即使受害案例多不勝數，還是有許多人上當。

天下沒有白吃的午餐，騙術五花八門，別因一時的貪念而終生悔恨。

人性本來就很詐

餓著肚子的穿山甲走走停停地尋找午餐，可是毫無收穫。

當牠正打算放棄，準備打道回府之時，迎面走來一隻大白蟻，讓牠高興得差點歡呼出聲。但是，牠想到一隻白蟻是無法填飽肚子的，於是靈機一動，堆滿笑容地走上前去。

「老弟，你要上哪兒去？」穿山甲親切地向白蟻問候。

「找食物囉！」白蟻帶著戒備的神情回答牠。

穿山甲聽了，故作驚訝地說：「何必那麼辛苦呢？我這裡就有現成的美食啦。」

說完立即把牠那又細又長的舌頭伸了出來，「你過來嚐嚐我的口水，它比蜜汁還甜哪！」

穿山甲見到白蟻害怕的神色，更和藹地說：「你可以爬上我的舌頭，試嚐一下，看看我的口水到底是啥滋味。我又不收你錢，怕什麼呢？」

白蟻見穿山甲這樣熱情好客，便壯著膽子爬了上去。

白蟻一嚐，味道果然不錯，便說：「穿山甲大哥，我從來沒有嚐過這樣美味的東西，能不能也讓家裡的兄弟一起品嚐呢？」

穿山甲豪爽地答道：「好啊，當然沒問題！把牠們都叫來吧，我請客！」

經過白蟻大肆宣傳，才沒多久，白壓壓的一群白蟻全部從洞穴裡爬出來，排成長長的隊伍，爬上穿山甲的舌頭，貪婪地吸吮牠的口水。穿山甲忍住不停滴下來的口水，等到所有的白蟻都爬上舌頭後，突然一縮，將白蟻們全部吞進肚子裡去，打了個飽嗝，才滿足地離開了。

你必須具備的應對智慧

因爲抗拒不了送上門來的美食，又可以免去覓食的辛苦，竟然讓白蟻輕信天敵穿山甲的話，實在是一件令人感嘆的事。

「免費」之所以讓人瘋狂，就是因爲不需要付出任何代價。當人們可以不勞而獲時，往往就會特別貪婪，也容易失去理智。

因此，百貨業者最喜歡推出消費滿額就可換取贈品的活動。很多婆婆媽媽就爲了一些不值錢的贈品，花了比預計還要多的錢，卻沒想過，多花的錢不知道可以買多少個相同的贈品了。

當貪念出現的時候，理智很容易被蒙蔽，千萬別因爲「貪」，讓別人有機可乘。接受他人的小惠之前，記得要先思索背後是否必須付出更大的代價。

有一點心機才能保護自己

善良的人更要多一些心機，如此才能面對壞人，保護自己，以及提醒自己有哪些地方該小心提防。

有個女性隻身在異地開了一間租書店，偶爾會有幾個素行不良的鄰居找她麻煩。有一天，一個惡劣的鄰居被一台外地來的車子擋住出入的通道，不分青紅皂白上門破口大罵。這次，老闆娘不再客氣，也兇了回去。

後來，鄰居再也不敢過分了。老闆娘對客人說：「一個女人要在外地開店、生存，必須學著讓自己更不客氣。」

面對「非善類」族群，只知一味退讓，就會被對方吃得死死的。善良的人需要多一點「不客氣」的勇氣，讓自己有辦法長久立足。

多一點心眼，是爲了保護自己，在這個現實的社會，善良的人只會被壓榨，別期待對方會良心發現。

人性本來就很詐

某一個農場的雞舍近來非常不平靜。原來，附近出現了一隻狐狸，常常趁著月黑風高的夜晚，溜進雞舍將小雞叼走。雖然農場主人盡力做好防護措施，可是還是防不勝防。

小雞接二連三遭竊，母雞媽媽難過得不得了。爲了子女的安全，母雞媽媽做出一個重大的決定，鼓起勇氣帶著珍貴的禮物到狐狸家裡，跪在狐狸的面前哀求道：「狐狸先生，請您不要再傷害我的寶貝孩子了！如果您能答應我的請求，今後我將把所得的珍貴物品全部奉獻給您！」

狐狸轉著眼珠子，露出一抹微笑，故作大方地收下母雞媽媽的禮物，一口答應道：「妳放心吧！從今以後我不會再去傷害妳的孩子了。」

就這樣，兩個禮拜過去了，雞舍沒有再傳出小雞失蹤的消息。母雞媽媽非常高興，按照自己的承諾，繼續帶著珍貴的物品前往狐狸家中拜訪。

有一天前去狐狸家的路上，母雞媽媽遇見了天鵝，兩人一番寒暄後，母雞媽媽就告訴天鵝，狐狸答應再也不吃小雞寶寶的事情。天鵝聽完後，若有所思地告訴母雞媽媽：「狐狸是最狡詐的動物，牠的話實在不能相信啊。妳自己要當心些！我看，還是去求求大黃狗，請牠幫忙將狐狸逮住吧！」

母雞媽媽說：「沒問題的，狐狸先生已經答應我了！況且，我這幾天去拜訪他，也都平安回家了。」

謝過了天鵝的關心，母雞媽媽繼續往狐狸家走去。

狐狸看到母雞媽媽依約前來非常熱情地歡迎她，還請她喝下午茶。牠們聊到慢慢長大的孩子，還有農場的近況，好不愉快。就在母雞媽媽要離開時，狐狸突然堵住了門口，兇相畢露地對她說：「妳的孩子都長大了，也不需要妳了。反正妳遲早都是要死的，不如現在就讓我吃掉吧！」說著，立即撲上前，一口咬斷母雞媽媽的喉嚨。

母雞媽媽最大的錯誤就是對心懷不軌的對手讓步，像狐狸這種肉食性動物，是不可能放掉眼前食物的。得到狐狸保證的母雞媽媽，卻因此安心而疏於防範，讓狐狸有機可乘。更糟的是，母雞媽媽還透露農場的情況讓狐狸知道，豈不是方便牠下一次的獵食行動嗎？

把人心想得太壞，雖然不是一件好事。但是在這個現實的社會裡，沒有人可以保證誰是好人，是誰壞人。甚至認爲是好人的人，或許有一天也會爲了自己的利益，而改變心意變成壞人。誰能保證故事中的正義大黃狗不會突然轉性，開始攻擊小雞？

壞人總是心眼多、城府深，因而善良的人更要多一些心機，如此才能面對壞人，保護自己。多一點心眼，是爲了看清楚一個人，儘管不必要弄心機去攻擊別人，但至少可以提醒自己有哪些地方該小心提防。

想要保護自己在險惡的環境下生存，適度的心機是必要的。

誠懇，才能深入人心

如果無法用一顆真誠的心來面對他人，只能維持表面的客氣，說些言不及義的話，對於處在困境中的人而言，只會更加痛苦。

曾有記者實地走訪某家知名飲料公司，發現一罐市價二十元的飲料，成本竟然花不到三塊錢，其餘花費全在廣告與包裝上。

這個現象說明了，在這個重視外表的社會，只要包裝有辦法吸引人，就不用擔心東西賣不出去。

然而，一個經過多道包裝手續的高級食品，卻不見得比普通包裝的同類型產品好吃。同樣的，一個會說話的人，不代表會做事；一個衣冠楚楚的人，可能只是個虛有其表的傢伙。

林肯在一八六〇年代表共和黨參加總統大選，當時，他的對手爲民主黨的道格拉斯，是個大富翁，有充裕的競選經費。相較之下，林肯顯得寒酸多了。

道格拉斯租了許多漂亮的馬車組成競選車隊，還請來樂隊在車上演奏。除此之外，又別出心裁地在車後安置一尊大炮，每到一站，就鳴炮三十二響，聲勢之浩大，遠超過美國歷史上任何一次競選。道格拉斯洋洋得意地說：「我要讓林肯這個鄉下佬聞聞我的貴族氣味。」

至於林肯，不僅沒有專車，甚至還得湊錢買車票乘車。他每到一站發表自己的理念，當地的朋友就爲他準備一輛馬車，他就站在馬車上對選民們發表政見。他說：「有人寫信問我有多少財產。我有一位妻子和三個兒子，都是無價之寶。此外，還租有一間辦公室，裡面有一張桌子、三把椅子，牆角還有一個大書架，架上的書值得每個人一讀。我本人既窮又瘦，臉蛋很長，不會發福。我實在沒有什麼可依靠的，惟一可依靠的就是你們。」

最後的競選結果，林肯光榮贏得勝利，當選美國總統。

你必須具備的應對智慧

總統的職責是治理國家，讓人民可以過著安全、舒適的日子。道格拉斯的失敗在於他傳達出錯誤的訊息。用華麗包裝來裝飾的外在，不如坦率之下的眞才實料，人民要的是一個可以體恤民情的領導者，而不是只懂得作秀的政客。

林肯除了態度誠懇之外，更讓民眾覺得他們是生命共同體，可以一起面對生活的困苦，共同創造幸福的未來。這就好比與親人的相處，不僅僅因爲血緣關係，更因爲每個人都是同一屋簷下的「生命共同體」，必須一起面對生活中的好與壞。

如果無法用一顆眞誠的心來面對他人，只能維持表面的客氣，說些言不及義的話，對於處在困境中的人而言，只會更加痛苦，就像包裝過度的禮盒一樣，倒不如默默守候在身旁，更能深入人心。

跟著流行走，最容易迷失自我

若沒有自我意識和判斷能力，凡事只會跟著大家一起做，那麼，當流行感冒盛行時，是否也要跟上潮流呢？

放馬後炮是一般人在評論「名人」之時最常出現的舉動。一個得到榮譽的人，就讚美他「從小就顯得不平凡」，至於罪大惡極之人，則說他「本來人就怪怪的」。然而，這些評論者在得消息之前，眞的認識話中提到的主角嗎？答案絕大部分是否定的。

絕大多數人，只相信「衆人相信之事」。因爲這樣才不容易出差錯，也因爲這樣，大家都是平等、平凡，沒有特色的。

英國著名物理學家牛頓在從事「球面對太陽光折射率」的研究時，就像進入無人境界，所有心思都放在研究上。每天太陽出來的時候，他就坐在陽台上對著陽光吹肥皀泡泡，一刻也不停止。

當時，住在隔壁的老太太看見他的行爲感到非常訝異，還以爲他是個呆子。

有一天，英國皇家協會的一位研究員去拜訪牛頓，可是沒有找著人，於是他就到隔壁去拜訪老太太，想探聽牛頓的消息。

老太太一聽到他要找牛頓，就神秘地告訴他：「隔壁那個老頭子是最近搬來的。不過，他好像有精神病，整天都坐在陽台上吹肥皀泡泡。」

研究員一聽，失聲笑了出來。他告訴老太太：「他沒有精神病，他是大名鼎鼎的科學家牛頓。他正在從事『球面對太陽光折射率』的研究，所以才會對著太陽吹肥皀泡泡。」

老太太聽完後，驚奇地瞪大了眼睛，伸出大拇指，連連表示讚揚。

有一天，俄國哲學家兼文學家赫爾岑受邀到一位朋友家欣賞沙龍音樂，主人還特地爲他留了最好的座位。音樂開始後，一曲接著一曲美妙地演奏著，但這時候女主人突然發現赫爾岑用雙手摀住耳朵，還在打瞌睡。

女主人見狀大爲驚訝，悄悄走向前推醒赫爾岑，相當好奇地問：「先生，你不愛聽音樂嗎？」

赫爾岑搖搖頭說：「我很愛聽音樂，但從來不聽這種輕佻低級的東西。」

女主人驚叫起來：「天哪，這可是目前社會上最流行的樂曲啊！」

赫爾岑平靜地反問：「凡是流行就一定高尚嗎？」

「不高尚的東西怎麼能流行？」女主人不服氣地回答。

赫爾岑說：「那麼，依妳的意見，流行感冒也是高尚的嗎？」

女主人當場無言以對。

若是沒有研究員的保證，牛頓在一般人眼裡是個精神出問題的人。沙龍裡演奏的，不見得是主人欣賞的音樂，只因爲流行，才舉辦這樣的活動。

簡而言之，這就是人們「盲從」的習性，不能用心判斷好壞，以爲只要冠上「流行」兩個字，就代表品質保證。

人們是盲目、虛榮的，別人有的一切自己當然也要有。跟著流行走，最容易迷失自我，廣告就是利用這個人性特點，才能成功地打動人心，讓人們一窩蜂地想擁有廣告中的商品，誤以爲沒有就是落伍，就是跟不上流行，而無視於自己是否眞的有需要擁有。

若是沒有自我意識和判斷能力，凡事只會跟著大家一起做，那麼，就如同赫爾岑所言，當流行感冒盛行時，是否也要跟上潮流呢？

說話謹慎，才不會種下禍根

當情緒不穩定時，說話就得更加小心，別因一時的無心釀成一生無法彌補過錯，說出口的每一句話都要謹慎。

每個朝代都有不可思議的「文字獄」。不論是一句話或一首詩，只要一個不小心，即便是說者無意，但只要聽者有心，就可能成爲滿門抄斬的大罪。

文字、言語，是人與人溝通的直接橋樑。每一個字句，都會傳達一種意思，出了自己的口、進了別人的耳，就難有收回的餘地。

因此，說每句話都要小心謹慎，最好「三思而後言」，把每個語句在腦海中反覆咀嚼，思量過後，再以最恰當的方式說出口，這才不會因出言不當而鬧笑話或是惹上不必要的麻煩。

有個人設宴款待趙、錢、孫、李四位客人。當天中午，趙姓、錢姓、孫姓客人都來了，唯有姓李的客人還沒到。

等了許久，還是不見他的蹤影，主人見前來的客人們早已飢腸轆轆，心裡一急，脫口就說：「眞是的，該來的卻沒來！」

姓趙的客人聽了很不高興，心裡想：「該來的沒來，那麼，我是不該來的囉！」於是，他一拂袖就走了。

主人見狀趕忙攔住，但還是讓客人走了，懊惱之下又說：「你看，你看，不該走的走了啦！」

姓錢的客人這下也火了，開口說道：「不該走的走了，那我就是該走的囉！」於是，他也悻悻然離開了。

到最後，客廳裡只剩孫姓客人，他見主人一開口就得罪人，便勸他以後說話要注意。主人急忙解釋道：「哎呀，我又不是在說他們兩個啊！」

姓孫的客人聽了直搖頭，心裡想著：「不是說他們倆，肯定就是我了！」於是，他也不高興地走了。

有個人一開口從沒好話，大家都不喜歡他。有一天，他經過一座新建蓋好的房屋門前，聽說是富翁的府第，就很想進去參觀。

他在門上敲打了幾下，遲遲不見人出來應門，便破口大罵：「快開門啊！裡面的人都死光光了嗎？」

這時候，富翁剛好走出門，聽了不高興地說：「這房子是我花費千金建造的，你怎麼這樣亂說話！」

這人答道：「這房子最多值五百兩黃金，只要你說聲好，我就買下。」

富翁斥責道：「房屋是要傳給子孫後代的，誰要賣給你？」

這人冷笑著說道：「我勸你還是賣掉好，要是遇上一場大火燒得精光，可是連個屁也不值啊！」

富翁大怒，就叫僕人揍了他一頓把他攆走。

幾天後，有戶人家五十歲才得子，高興地大肆宴客。這人也想和朋友一同前往，但是朋友拒絕道：「你專說不吉利的話，還是不去的好！」

他央求著：「你帶我去吧，我保證一句話也不說！」

朋友在他再三拜託、懇求下，只好帶他一起去。來到主人家，他果然一句話也沒說，朋友這才放心。

就在吃完酒席，臨走之前，他突然對主人說：「今天我一句話也沒說喔！所以，若是過幾天你的孩子雙腿一伸死了，也不干我的事啊！」

你必須具備的應對智慧

說出來的話是有心還是無意，誰也沒辦法定奪，但是說得讓每個人都不舒服，就是一句糟糕的話。

開口沒好話或者專說風涼話的人，不僅會在別人心中留下糟糕透頂的印象，人緣也必定奇差無比。

尤其是面對第一次見面的人，說話特別要注意。在對方還不了解自己人品、說話習慣之前，一句不當的言詞，都可能讓人留下永遠的「偏見」。

或許自己並不是對方想像中的那個樣子，但因爲說錯話而留下壞形象，這樣可是冤枉極了。

逞一時口舌之快的話語，雖然在說出口的當下會感到「口齒舒暢」，但也同時替未來種下禍根。

因此，當情緒不穩定、心情不好時，說話就得更加小心，別因一時的無心釀成一生無法彌補過錯，說出口的每一句話都要謹慎。

多用腦筋，才不會盲目聽信

倘若無法檢驗訊息的正確與否，就很容易成為有心人的利用對象，千萬別讓自己在無形中成為替他人傳遞不實訊息的信差。

在生活中，利用傳遞不實訊息來達到目的的有心人無所不在。通常他們會製造一顆顆「煙霧彈」，刻意散佈出去，藉此手段排擠掉競爭對手。因此，接收到任何訊息時，都必須小心謹慎，才不會落入敵人的陷阱中。

對於收到的訊息，必須評估它的可信度有多高，是不是錯誤的謠言，由誰傳出來，可能的目的何在，誰的獲益將最大……這些判斷過程是必不可少的，如此才能爲自己增添一點保障。

人性本來就很詐

從前，有個非常吝嗇的富翁，要他從身上掏出一塊錢，就像要割下他身上的肉一樣痛苦。可是，他的兒子卻和他相反，是一個揮霍無度的紈褲子弟，還在外面欠下許多債務。

富翁對此完全不聞不問，更別說是替兒子還債了，兒子只好到處宣稱，等到父親死後一定會償還。

有一天，兒子實在等不及了，就和債主們商量要活埋父親。他們替富商沐浴更衣，然後硬把他放入棺材中，直往墓地前進。

沿路富翁哭天喊地、不停求救，正巧路過的法官聽到他的聲音，便前來詢問。

富翁在棺材裡喊道：「救命呀，大人！我兒子要活埋我！」

法官質問富翁的兒子：「你怎麼能活埋你的父親呢？」

兒子回答道：「大人，他在騙您，他真的死了！不信您問他們。」

法官轉身問周圍的人：「你們能作證嗎？」

「我們能作證，他眞的死了。」眾債主回答。

於是，法官對棺材裡的富翁說：「原告只有你一人，證人也只有你一人，我怎麼能相信你呢？那麼多人都說你死了，難道他們都說謊嗎？」說完，他就揮一揮手宣判道：「埋吧！」

你必須具備的應對智慧

這個故事雖然有些誇大，但是延伸到現實生活中來看，的確有很多類似的荒謬情形不斷發生。

二十世紀最偉大的科學家愛因斯坦剛提出「相對論」之時，就如同許多新發現、新觀點一樣，一開始都無法得到廣泛的認同，甚至受到同行的批評和攻擊，完全沒有學術研討的空間。

當時，有學者爲了推翻愛因斯坦的理論，甚至出了一本批判「相對論」的書，書名叫《一百位教授出面證明愛因斯坦錯了》。

愛因斯坦得知後，不以爲然地說：「需要這麼多人證明我錯了嗎？如果眞的有錯，哪怕只是一個人出面也就足夠了。」

絕大多數人只要看到某某名人推薦的事物，就二話不說地一頭栽下去，從不認眞思考過推薦的理由和原因。倘若無法檢驗訊息的正確與否，就輕易相信、盲目跟從，很容易成爲有心人利用的對象。就像被貪婪的兒子和債主矇騙的法官一樣，成爲顚倒是非、腦袋渾沌的人。

聽來的消息並非都是正確的，它可能只是一顆被有心人士操弄的「煙霧彈」，千萬別讓自己在無形中成爲替他人傳遞不實訊息的信差。

PART 10.

不要為了形象而裝模作樣

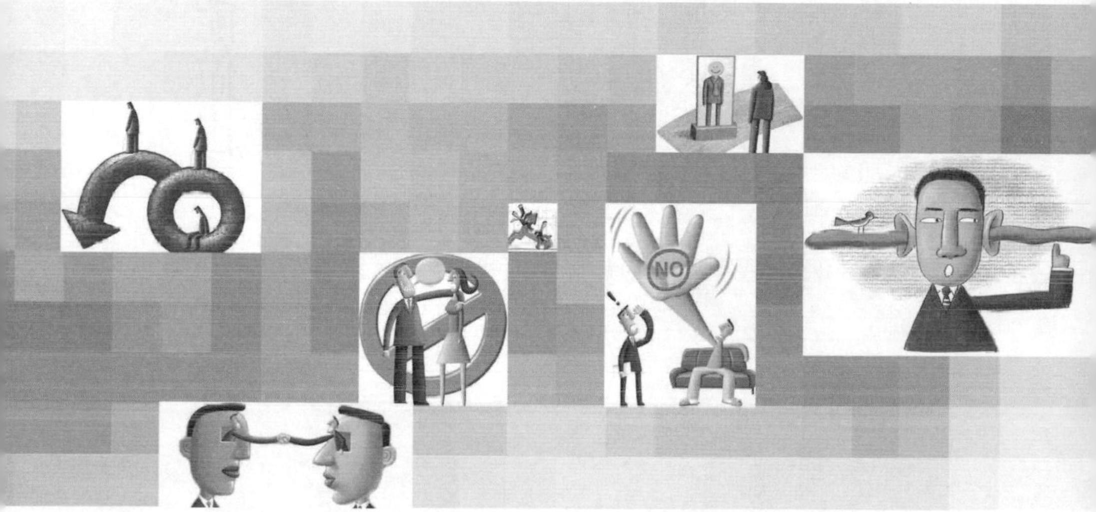

為了避免鬧出笑話，甚至造成難以彌補的錯誤，碰到疑惑時，一定要硬著頭皮提出來，別再不懂裝懂了。

親身體驗才能做出正確判斷

要真正了解一個人、一件事，得親自面對、親自體會，懷抱著同等心情，才能做出準確的判斷。

對球賽不感興趣的人，到了球場觀看比賽，通常會一反常態地融入其中，可是在家看電視就無法有同樣的效果。

演唱會、電影也是同樣的道理，一張門票的錢可以買到好幾張唱片、租好幾部影片，但還是會有許多人選擇到現場感受，這就是一種臨場感。

親臨比賽現場，能夠感受到一群人爲了同一個目標而奮戰不懈；進電影院，能夠如實感受影音的震撼效果；參加演唱會，就能見到心中的偶像活生生地站在自己面前載歌載舞。

換句話說，描述得再精采、再生動，都比不上親身的體驗。

人性本來就很詐

某次，拿破崙的軍隊行經一個小鎮，夜宿在一家小旅館。

店主人見到上門的客人是大名鼎鼎的拿破崙，馬上拿出最好的食物，準備最舒適的床，盡全力給予最完善的招待。

儘管如此，旅館主人夫婦倆內心還是非常不安，因爲人們傳說拿破崙是個脾氣很暴躁的將軍。

第二天早上，拿破崙和士兵準備動身，店主人連忙送上熱茶給拿破崙，還問他是否要一些點心在路上食用。

拿破崙接過茶，說道：「你們服務得很周到，我要獎賞你們。你們想要什麼？」

店主人頓時感到很爲難，心想如果要了太多東西或者是不可能給的東西，拿破崙會發火；如果不接受他的獎賞，他同樣也會生氣。

沉思了一會兒，店主便說：「將軍，您能不能告訴我們一件事，作爲獎賞？」在拿破崙的示意下，店主繼續說：「聽說在戰爭期間，有一次您在一幢農舍裡睡覺，正巧碰上俄國人進去搜捕，您立即躲藏起來。您能不能告訴我們，當時您內心的感受如何？」

拿破崙聽了，臉色一沉，馬上叫兩名士兵將夫婦兩人捆綁起來，押到院子裡的一堵牆邊，然後下令：「準備，瞄準！」

老闆娘見士兵舉起槍，嚇得暈倒，店主人則哭著哀求說：「請您別開槍，我們沒有什麼惡意呀！」

拿破崙說了聲「停」，便上前對店主人說：「當俄國人搜捕的時候，我內心的感受如何，你現在明白了吧！」

你必須具備的應對智慧

拿破崙爲了「回報」旅館主人盡心盡力的招待，讓他們夫婦倆徹底感受了一趟恐怖的「死亡之旅」。

因爲，只有讓他們陷入相同的危機之中，才能讓他們了解面對死亡的恐懼。感同身受，能讓人與人之間建立起一份特殊的情誼。因此，通常有過相同經歷的人，比較容易一拍即合，因爲他們能夠了解彼此的感覺。

當我們想和不認識的人進一步往來時，最好先了解他的成長背景、專長喜好等等經歷，再從中揣測他看事情的角度和處世態度。只要能讓對方覺得自己和他是屬於同一類型的人，就有辦法打破兩人間的防線。

要眞正的了解一個人、一件事，得親自面對、親自體會，懷抱著同等心情，才能做出準確的判斷。

鋒芒不露，方能化險為夷

收起鋒芒，培養處世的智慧。聰明就像一把雙刃劍，若是使用不當，不但傷人，更會害己，不可不慎。

西班牙思想家格拉西安在《智慧書》中曾經這樣說過：「讓人誤以為你是無知的，往往是最大的睿智。」

聰明的人常常掩不住鋒芒，所到之處，總令其他人感到透不過氣，長久下來，旁人多少會心懷疑懼，也容易招來無謂的妒怨、中傷，這就是所謂「樹大招風」。

正因爲如此，人不能空有聰明而欠缺智慧。

眞正聰明的人懂得自知、自抑，通曉人心世故，不輕易外洩自己的光芒，只在必要的時候才將天賦表露。

三國時期蜀漢政權的建立者劉備，是東漢名儒盧植的學生，自稱是大漢皇帝的宗室「中山靖王劉勝」之後。不管這個說法是眞是假，劉家傳到劉備這一代，家道業已中落，生活相當拮据困難。但他不甘心就此渾渾噩噩過一生，總在尋找建立功業的機會。

當時正值東漢末年，董卓控制了朝政，成爲名副其實的太上皇，殘害忠良，恣意妄爲，將朝廷內部搞得烏煙瘴氣、敗壞不堪。各地豪傑紛紛組織武裝兵力，表面以討伐董卓爲名，實則擴張自己的勢力範圍。

劉備見機不可失，也召集了一小隊人馬，加入討伐董卓行列。後來，他的實力逐漸發展起來，並得到了關羽、張飛等人輔助，形成一個小武裝集團，但還是處於兵少將寡，沒有實質地盤與影響力的狀態。

公元一九六年，曹操強行將漢獻帝從洛陽遷到許縣，挾天子以令諸侯，成爲實際掌權者。

此時，劉備正佔據徐州抵擋袁術的進攻，可是不久之後不幸被呂布打敗，只好投奔曹操。

到了曹操陣營，劉備爲了防止自己意圖建立功業的心思遭到識破，故意表現出胸無大志的模樣，成天無所事事，窩在後園裡種菜種花。這樣的舉止不僅騙過曹操，連關羽、張飛也被蒙在鼓裡。

你必須具備的應對智慧

自恃聰明的人最容易掉入陷阱之中，因爲太過恃才傲物，看不見自己的狂妄，因此容易被擊敗。

劉備並不是這樣的「聰明人」，所以知道該在什麼時候屈身、該什麼時候收斂，他所擁有的，是比「聰明」更加可貴的「智慧」。

雖不甘心屈居曹操麾下，但劉備知道，實力決定一切，處境對自己不利時，和對手硬碰硬只有死路一條。因此，他故意以看似膽小無知的行爲掩飾內心眞正的想法，這是盱衡情勢之後不得不做的自保之舉。

能成大事的人，不圖一時之快、不貪一時勝負，而是將眼光放遠。即使眼前吃虧，也不以爲意；就算被別人認爲是無知，也不會沉不住氣。因爲他們知道，不將智慧鋒芒外露，才能化險爲夷。

聰明人應當學習如何收起鋒芒，培養處世的智慧。聰明就像一把雙刃劍，若是使用不當，不但傷人，更會害己，不可不愼。

你的視野，決定你的事業

視野決定事業，只要能找到適當的切入點，不需要百萬廠房、千萬設備，一樣也能開創一番事業！

社會上有很多人認爲要成就一番大事業，必定要先投注一筆大錢，設廠房、買設備、租辦公室……這些支出常常會是非常驚人的數字。

因此，大部份的人會選擇更爲「安全」的方法：領薪水，當一個工作穩定的上班族，不要去想那些不實際的念頭！

其實，一個人的視野決定他能不能成就一番事業。

一九八〇年的美國，一千美元雖然不算微不足道，但也算不上是什麼了不得的大錢，很多人都可以拿出這麼一筆錢來，但是，絕大多數的人卻沒能像故事中的這位主角這樣，利用一千美元開創事業。

那一年，在美國的一所大學裡，有一個十九歲的大學生，透過賣電腦配件賺到了一千美元。

當然，擁有一千美元的他，在同學中算不了什麼，有的同學可以拿出數萬甚至數十萬美元！

他思考著如何利用這一千美元，最後得到了三種方案，並在日記中這樣寫道，用這一千美元，可以做下列事情：

一、辦一次狂歡酒會；

二、買一輛二手福特轎車；

三、成立一家電腦銷售公司。

「開一家電腦公司？用區區一千元？」當同學們知道他的三種方案中包括開一家公司時，都搖頭表示可笑：「這眞是太荒謬了，還不如拿這點錢請我們幾個好朋友去喝點酒！」

顯然，他的同學們是缺乏創業與財富觀念的。

他沒有理會同學們的反對甚至嘲笑，毅然選擇了第三種方式，沒幾天，他的公司就正式開業了。

這個十九歲就選擇創業的青年就是戴爾，如今早已成爲大富豪，聞名世界的戴爾電腦就誕生於他的手中。

你必須具備的應對智慧

在戴爾當時列出的那三個選項裡，或許絕大多數人可能都會選擇前兩者吧！畢竟，後者看來太不切實際了。

不過，這也就是爲什麼戴爾可以在十九歲時以一千美元開始自己的事業，而他的同學們日後卻在工作上無法達到相同成就的原因。

辦一場狂歡酒會，大家吃喝了一個晚上，就什麼也沒有了；買一輛二手轎車，又如何讓自己致富呢？戴爾的選擇中透露出來最重要的事情，就在於他「事在人爲」的眼光與毅力。

在這個電子化的時代中，許多可貴、具有價值的資訊或服務，常常不是以有形的方式存在的。一個人的視野決定他的事業，只要能找到適當的切入點，其實不需要百萬廠房、千萬設備，相信一樣也能開創一番事業！

不要為了形象而裝模作樣

為了避免鬧出笑話，甚至造成難以彌補的錯誤，碰到疑惑時，一定要硬著頭皮提出來，別再不懂裝懂了。

教授在課程快結束的時候，宣布了一個攸關學期成績的期末報告，解說完題目內容後，留了一些時間讓同學發問。

小明對於一個基本的問題有很大的疑問，但是他又怕提出來會很丟臉。就在教授踏出教室的前一刻，小明終於鼓起勇氣提出了問題。

沒想到，教授的回答，卻出乎衆人意料。原本大家以爲的觀念，竟然是錯誤的，若不是小明提問，大家的期末報告肯定完蛋。害怕被嘲笑的小明，意外成爲全班的救星。

很多人都害怕自己提出來的是「笨問題」，而把內心的疑惑壓了下來，甚至不懂裝懂。這樣不僅無法解決問題，甚至很容易弄巧成拙。問題並沒有所謂的高下之分，只有懂與不懂的差別。

人性本來就很詐

有一個財主，雖然擁有萬貫家財，但卻是大字不認識一個的文盲。可是，他常常裝做一副很有學問的樣子，開口閉口都是之乎者也。

有一天，有個朋友要向他借牛，便寫了張字條交給家丁送去。家丁來到財主家時，正巧有客人前來拜訪，只好先在一旁等待。

直到財主發現家丁，才問他：「你是哪位？找我有事嗎？」

家丁將紙條遞了過去，財主看了看，怕客人笑他不認識字，便裝模作樣地沉思了一下，點了點頭，對家丁說：「知道了，回去告訴你家主人，別著急，等一會兒我就親自過去。」

一位剛領到營業執照的新手律師，在新德里的一條街上租了一間辦公室，但裝修工作還沒完成，連電話機的線路也未接上，他就開始營業了。

一大早才剛開門，就有一個人上門拜訪。律師一見有人走進來，便馬上裝模作樣地拿起電話筒，說著：「喂！喂！我的事務所很忙，不能和你會談，你說的那件案子，非五千塊不可……」

接著，律師提起筆來在記事本上塗塗寫寫，然後才抬起頭，慢條斯理地對來訪的人說：「現在輪到您了，先生，有什麼棘手的事需要我爲您效勞嗎？」

對方盯著律師握在手上的話筒，忍不住笑了起來，對他說：「不好意思，我是電話公司派來爲您接電話線的！」

你必須具備的應對智慧

爲了面子而裝模作樣的人，常常會鬧出笑話來。

朋友要借的是牛，財主卻表示將親自過去，那財主豈不成了一頭牛了嗎？不識字對財主而言是件丟人現眼的事，但是誤將自己當成一頭牛送了過去，才是一件眞正的大笑話。

新手律師爲了顯示自己事業有成，刻意在來人面前僞裝出來的形象，卻不巧讓人識破，也是一件非常尷尬的事。

面對問題，最重要的就是解決它，即使那只是個很基本的問題。問題只有懂與不懂的差別，只要你不懂，那個問題就是重要的。若因爲害怕丟臉而裝模作樣、不懂裝懂，反而容易弄巧成拙。

在瞬息萬變的社會裡，答案隨時可能因爲某個突發狀況而有所變動。爲了避免鬧出笑話，甚至造成難以彌補的錯誤，碰到疑惑時，一定要硬著頭皮提出來，別再不懂裝懂了。

自以為是，最容易壞事

我們無權認為只有自己的眼光才是最正確的，在不明白任何事的本意之前，不能輕下判斷，執意獨行。

曾經聽過這樣一則眞人眞事，某位小姐到香港旅遊，買了一件價值不菲的上衣，但卻在第一次送洗時，就發生了「慘案」！

老闆娘自豪地拿起一件燙得「十分」平整、乾乾淨淨的衣服對客人說：「妳這件衣服實在太縐了，我費了好多功夫，才將它燙平呢！」

這小姐聽了猛然一看，差點沒有暈倒。原來，這件衣服的特色就在於它的縐折，也因爲這樣，看似普通的衣服才會開出如此高昂的價碼。

自以爲是最容易壞事，事實上，像這類因爲熱心卻又無知而弄巧成拙的案例，時常在生活中上演著。

人性本來就很詐

吳郡有個人叫陸盧峰的人考上了科舉，便前往京城等候朝廷召見。這段時間，他和同伴就在京城到處觀賞、遊玩。

有一天，他們來到一處熱鬧的市集，在某個賣筆墨的攤販上看見了一塊珍貴的硯台。

那塊硯台上有個豆粒大小的凸起，中間漆黑，四周是淡黃色的暈紋，就像八哥鳥的眼睛，稱爲「鸜鵒眼」。

由於這種硯台百年難得一見，陸盧峰因此愛不釋手，可是賣主要價太高，不讓人殺價，他只好放下硯台，忍痛離開市集。但是，回到客棧後，陸盧峰還是念念不忘那塊硯台，幾經考慮後，終於下定決心，拿出一碇銀子交給僕人，要他把那硯台買回來。

在陸盧峰焦急地等待下，僕人終於捧著硯台高高興興地來到他面前。陸盧峰迫不及待接過硯台，打開布包一看，不禁失聲叫道：「哎喲，你買錯了！我要的不是這塊硯台呀！」

僕人見狀，非常自信地回答說：「沒有錯啊，這就是之前和公子在市集上看到的那塊硯台啊！」

陸盧峰不滿地指著硯台說：「我看中的那塊硯台，是有鸜鵒眼的，可是這塊硯台並沒有啊！」

僕人聽了，得意地說：「什麼眼？就是那個凸起的東西嗎？我嫌它不平滑，正好買這硯台還剩點錢，我便請石匠把它磨平啦！」

陸盧峰一聽，萬分惋惜，不住地叫苦。

你必須具備的應對智慧

不管是誰，碰到上述情況，大概有苦也說不出吧！道謝也不是，責罵也不是，因爲畢竟對方是出於善意，面對最後的損失也只能自認倒楣。

由於每個人的知識與見解不一，自然對事物會有不同的看法。知名設計師認爲是美感的「縐折」，到了洗衣店老闆眼中就是不夠「筆挺」；一顆凸起的小眼是難得一見的珍寶，卻被僕人當成累贅而磨掉。

每件事物總有一體兩面，我們無權認爲只有自己的眼光才是最正確的，每個人都有自己的審美觀，要能尊重彼此不同的看法。尤其在不明白事物的本意之前，不能輕下判斷，執意獨行，否則結果不但會傷人也會害己。

此外，將較特別、不能用常理判斷的事情交予他人之前，都要更仔細交代，才能避免「慘案」的發生。

最基本的道理，最不能忘記

追求成功最重要的不是知識的數量，而是質量。有些人拚命追求外在的事物，卻忘了回頭看看最重要、最有用的基本道理。

在一個熱鬧市區裡，有一間以種類多樣、價格便宜聞名的水果攤。不管任何時候，客人總是絡繹不絕，在人潮眾多的時段，甚至要請上六、七個工讀生來幫忙。常常可以看到老闆掛著笑容在其中穿梭，熱心地招呼客人。

或許是生意太好，不怕沒客人，老闆的態度漸漸傲慢起來。不僅時常見他臭著一張臉，甚至在客人對水果有疑慮時，還一把搶過客人手中的塑膠袋，口中說到：「不買就算了！囉唆那麼多。」

後來，愈來愈多客人不想花錢買罪受，寧可走上好長一段路，到更遠處買水果。

雖然這家水果攤的生意仍算不錯，但是已經大不如前，老闆再也不需要再請那麼多工讀生來幫忙了。

不管任何時候，都不可以忘記最初的熱忱，時時檢討自己的錯誤、修正自己的方向，才能不斷前進。

人性本來就很詐

赫爾曼·約爾哈是荷蘭著名物理學家和化學家，於一七二三年離開人世。家人在整理他的遺物時，發現床頭上有一本加封的書，包裝得非常精緻，封皮上工整地寫著：「醫學領域中惟一深奧的秘訣。」

這件事傳開後，大家爭先恐後想要目睹書本的風采。很快地，這本書果然原封不動地出現在拍賣市場上。

因爲這本書太出名，前來參加拍賣的人比平常多上好幾倍，因此一開始的底價就非常高。

在衆人競標之下，拍賣價一抬再抬，約爾哈夫的其他著作卻被冷落一旁。最後，此書以兩萬元金幣被一名富商買走。

買主在衆人既羨慕又期待的眼光下，小心翼翼地將書拆封，一頁一頁往下翻。

沒想到一本一百頁的書，翻了九十九頁居然全是空白，只有在書底的最後一頁留下了這位科學家的字跡，上頭寫著：「注意保持頭冷腳暖。這樣，最知名的大夫也會變成窮光蛋。」

你必須具備的應對智慧

養生之道在於正常作息、均衡飲食和適度運動。很多人卻忽視了這幾點，只知拚命買一些保健食品、良藥仙丹，以爲吃下去就可以長命百歲，卻反而造成肝臟的負擔，既傷財又傷身。

就如同赫爾曼所強調的，人只要不發燒並且保持溫暖，血液循環良好，身體自然健康。這都是一些很基本的道理，卻常常被遺忘。

這樣基本的養生常識，其中所隱藏的道理可以放大到人生哲理來看，雖然現代是個重視效率的年代，凡事要求快、狠、準，以達成所要目標。但是若沒有奠定好基礎，高樓隨時都有倒塌的危機。

大多數的人在初入社會時，總是充滿一腔熱血，不畏任何困難全力以赴。等到事業步上軌道，再也不需要辛苦工作就可以勝任時，以往的工作態度也就跟著改變，漸漸地流於傲慢，對於別人的勸告也嗤之以鼻。當他們慢慢忘卻當初的那股熱情才是使事業有成的基礎時，就是遠離成功的時候了。

追求成功最重要的不是知識的數量，而是質量。有些人拚命追求外在的事物，卻忘了回頭看看最重要、最有用的基本道理。

將錯就錯，或許更有效果

當某些事情陷入困境，無法立刻脱困時，不妨跳出來，輕鬆看待阻礙，或許能歪打正著，事情的發展還超乎自己預期的好。

軍事上，有許多奇謀妙計，目的都是爲了打敗敵人，換句話說，就是引誘對方進入自己的圈套。

但一般而言，人與人在正常的交往情況下，如非必要，不需那樣勾心鬥角、爾虞我詐，除非遇到一些特殊的狀況。

人與人互動，有時候就像打啞謎，就算沒有再心機，也要會看時機，試著用各種方式解讀對方的意思，人生才不會經常「當機」。

有時候因爲知識不夠，不了解別人的意思，卻又誤打誤撞弄假成眞，這時不妨將計就計，反而會出現意想不到的效果。

人性本來就很詐

有個笑話說，三國時代，諸葛亮爲劉備兄弟三顧茅廬的行徑感動，便應允入世輔佐劉備統一天下。

下山之前，諸葛亮突然出了一道啞謎要三人猜，劉備和關羽猜來猜去都摸不著頭緒，張飛於是自告奮勇上前回答。

諸葛亮微笑指天，張飛就用手指指地；諸葛亮伸出一根手指，張飛回了三根手指；諸葛亮伸出三指畫了個小圈，張飛舉起雙手伸出九指；諸葛亮用手在肚子畫個大圈，張飛搖搖頭用手指了指袖口。

當旁人看得一頭霧水時，諸葛亮突然哈哈大笑說：「對得好啊！」

劉備見到連張飛這樣的一介莽夫都能看懂諸葛亮的意思，羞愧之餘，就虛心地拱手向諸葛亮請教。

諸葛亮解釋道：「我指天說『天文』，他指地答『地理』；我伸出一指說『一統天下』，他出三指答『三國鼎立』；我伸三指畫個小圈說『三三歸一』，他伸九指答『九九歸原』；我用手在肚子畫個大圈說『腹中自有陰陽八卦』，他搖搖頭用手指著袖口答『袖裡暗藏日月乾坤』。實在對得好極了！」

張飛聽了，在心裡暗暗偷笑，原來他的意思和諸葛亮完全不同。

事後，他向劉備和關羽解釋說，當諸葛亮指天時，他認爲是「天上下雪」，所以他就指地回答「地上很滑」；諸葛亮伸出一指是說「初到敝莊」，他伸三指回答「三顧茅廬」；諸葛亮伸三指畫個小圈是說「準備好三塊小餅」，他伸九指回答「至少得要九塊才夠」；諸葛亮用手在肚子畫個大圈是說「我的餅大，恐怕你們的肚子裝不下」，他搖搖頭用手指著袖口回答「不用擔心，吃不了就放到袖裡帶回去」。

你必須具備的應對智慧

諸葛亮若發現自己的治國之道，原來是張飛的大餅理論，大概會哭笑不得。

但是也或許，諸葛亮只是隨手比比，再來穿鑿附會也說不定，順便顯現自己的聰明才智，讓劉備等人更加折服自己。從張飛的角度來看，答案是對或錯並不重要，反正他已經順利回答問題了。

當某些事情陷入困境，無法立刻脫困時，若是勉強自己想辦法，反而容易逼自己進入死胡同，找不到出路。

此時不妨跳出來，輕鬆看待阻礙，行爲全憑直覺，或許能歪打正著，不但擺脫困境，事情的發展還超乎自己預期的好。

智謀經典

56

用心機化解危機的人性厚黑兵法

作　　者　公孫龍策
社　　長　陳維都
藝術總監　黃聖文
編輯總監　王郡凌
出 版 者　普天出版家族有限公司
新北市汐止區忠二街 6 巷 15 號
TEL / (02) 26435033 (代表號)
FAX / (02) 26486465
E-mail：asia.books@msa.hinet.net
http://www.popu.com.tw/
郵政劃撥 19091443 陳維都帳戶
總 經 銷　旭昇圖書有限公司
新北市中和區中山路二段 352 號 2F
TEL / (02) 22451480 (代表號)
FAX / (02) 22451479
E-mail：s1686688@ms31.hinet.net
法律顧問　西華律師事務所・黃憲男律師
電腦排版　巨新電腦排版有限公司
印製裝訂　久裕印刷事業有限公司
出 版 日　2022 (民 111) 年 9 月第 1 版
ISBN◉978-986-389-839-9　　條碼 9789863898399

國家圖書館出版品預行編目資料

用心機化解危機的人性厚黑兵法／
公孫龍策著.—第 1 版.—：新北市,普天出版
民 111.9 面；公分. - (智謀經典；56)
ISBN◉978-986-389-839-9 (平裝)

普天之下・盡是好書

普天出版家族
Popular Press Family

凌雲文創
A-Plus Creative Company